한반도 경제공동체, 그 비전과 전략

한반도 경제공동체, 그 비전과 전략

《《 정형곤 박상인 박 진 이 석 》》

서울대학교출판문화원

Vision and Strategy for
Inter-Korean Economic Community

Jeong, Hyung-Gon

Park, Sangin

Park, Jin

Lee, Suk

Seoul National University Press

머리말

남북한 간의 경제협력은 1988년 남한 정부가 '민족자존과 통일번영을 위한 특별선언'(7.7선언)을 통해 남과 북이 분단의 벽을 헐고 모든 부문에 걸쳐 교류를 실현할 것을 선언함에 따라 시작되었다. 1989년 1,800만 달러의 첫 교역량을 기록한 이후 양적으로 꾸준히 성장해 2008년 현재 교역 규모와 품목이 모두 16배 이상 증가하였다. 특히 제1차 남북정상회담이 있었던 2000년 이후부터는 연 20%대의 성장세를 보이고 있다. 남북경협이 이처럼 양적으로 성장할 수 있었던 것은 1994년과 1998년, 두 차례에 걸친 '남북경제협력 활성화 조치'에 힘입은 바가 크다. 이후 2000년 6.15 공동선언은 금강산관광사업, 개성공단개발사업, 경의선 철도·도로 연결 사업 등을 활성화시키는 계기를 만들었다. 또한 2007년 제2차 남북정상회담에서 이룬 10.4합의는 재원부담에 대한 논란은 있었으나 다양한 협력사업을 이끌어내기도 했다.

그러나 양적 성장과 대규모 협력사업에도 불구하고 남북경협은 여전히 남북한 간의 정치·안보적 상황에 큰 영향을 받고 있다. 특히 최근 들어 북한의 2차 핵실험 강행과 미사일 시험발사 등으로 한반도의 안보상황이 악화되면서 남북경협은 더욱 어려운 상황에 처하게 되었다. 더욱이 북한 당국이 개성공단사업을 남한 정부에 대한 압박수단으로 활용함에 따라 개성공단에 투자한 많은 기업들이 앞날을 걱정하고 있는 상황이다.

필자들은 이러한 상황에서 한반도 경제공동체 형성의 중요성을 환기시키기 위해 이 책을 집필하게 되었다. 현재는 남북관계가 정체되어 있지만 향후 핵 문제 등이 해결되면 남북한 경제관계의 확대는 더욱 중요한 과제로 떠오를 것이기 때문이다. 이런 관점에서 이 책은 향후 한반도 경제공동체 형성을 위한 남북한 정부의 과제에 대해 서술하고 있다.

남북경협은 상호 교류를 통해 군사적 긴장을 완화하고 궁극적으로 공동번영을 위한 경제공동체를 형성하는 데 목표를 두고 있다. 그 과정에서 한반도 경제공동체는 남북한 간의 지속적인 평화의 연결고리 구실을 할 수 있고 상호 간의 이해와 신뢰를 강화하며, 이를 통해 정치·군사적 통일을 이루는 데도 기여할 수 있을 것이다. 이러한 인식 아래 필자들은 한반도 경제공동체 형성을 위한 종합적인 구상과 이를 실현하기 위한 남북한 정부의 과제에 대해 구축·심화·완성의 3단계로 구분하여 다루었다.

이 책은 크게 5장으로 구성되어 있다. 제1장은 서론으로서 한반도 경제공동체의 필요성, 의의 및 비전에 대해서 언급했다. 제2장에서는 남북경협의 현황과 과제에 대해서 논의했다. 그간 남북경협의 성과를 평가하였고, 향후 남북한 간의 상생을 위한 발전전략을 제시하였다. 제3장에서는 남북한 간의 분업 및 협업 구조를 다루고 있다. 대북투자 및 지원정책이 남북한의 경제성장에 미칠 중·장기적인 효과를 고려하여 남북한 분업 및 협업 구조를 설계해야 한다는 문제의식 아래 구체적인 남북한 산업 간의 분업에 대해 다루고 있다. 제4장에서는 한반도 경제공동체를 형성하기 위해 북한이 달성해야 하는 변화가 무엇인지를 논의하고 있다. 최소한의 경제제도 개선, 전면적인 대북투자가 가능한 환경 등 북한 경제에도 상당한 변화가 필요함을 강조하고 있다. 제5장에서는 한반도 경제공동체 형성을 위한 재원조달 방안을 상술하고 있다. 남북협력기금 등 기존의 여러 금융 지원제도 외에 더욱 다양한 재원조달 방안을 국내외로 나누어 검토하였다.

북한의 비핵화와 경제개방, 시장경제로의 전환이 한반도 경제공동체 형성의 중요한 전제조건이다. 북한 경제의 개방은 '단순한 지역적 개방'을 넘어, 북한이 국제사회가 합의하고 존중하는 보편적 가치와 규범을 수용하고 제도화하는 과정을 의미한다. 북한이 남한을 포함하는 국제사회와 협력하는 것도 중요하지만 무엇보다도 북한 스스로가 지속적이고 체계적인 변화 노력을 통해서 체질을 개선하는 작업이 요구된다. 보다 효율적인 시스템이 구축되지 않는 한 북한 지역에 대한 투자는 성과를 거두기 어려울 것이기 때문이다. 현재 북한이 핵 문제 등으로 국제사회와 고립된 길을 걷고 있지만 조만간 국제사회의 일원으로 복귀하여 이 책이 제시하고 있는 한반도 경제공동체 형성의 길에 동참하기를 기대해본다.

필자들은 각자 주로 담당한 분야는 있었으나 내용의 일관성을 유지하기 위해 많은 토론을 거쳤고, 이런 점에서 이 책은 진정한 의미의 공저라고 자부한다. 남북경협에 관심이 있는 연구자와 정책입안자는 물론 관련 분야의 학생들에게도 참고가 되기를 바란다. 본고의 초기 논의 과정에 깊이 참여했던 기획재정부 이강호 과장과 좋은 논평으로 본고의 질을 높여준 무명의 논평자들, 그리고 꼼꼼하게 교정을 봐준 서울대학교출판문화원 관계자께 감사를 표한다.

2009년 7월
저자 일동

차 례

머리말 / v

제1장 서 론

1. 한반도 경제공동체의 필요성 / 3
2. 한반도 경제공동체의 형성 단계와 책의 구성 / 5

제2장 남북경협사업의 현황과 과제

1. 남북경협사업의 성과 평가 / 11
   1) 남북교역 / 11
   2) 제도개혁의 성과 / 14
2. 금강산관광사업 및 개성공단건설사업의 평가와 과제 / 16
   1) 금강산관광사업 / 16
   2) 개성공단건설사업 / 21
3. 개별 남북경협사업의 추진 방향과 과제 / 26
   1) 주요 남북경협 합의사업의 추진 방향 / 26
   2) 기타 분야별 협력사업의 추진 과제 / 43

제3장 한반도 경제공동체 형성을 위한 남북경협의 기본 방향

1. 한반도 경제공동체 형성과 남북경협 / 69

2. 남북한 산업구조와 인적자원 현황 / 69

3. 남북한 분업 및 협업 구조의 설계 / 75

1) 바람직한 남북한 분업 및 협업 구조의 기준 / 75

2) 대북 투자 및 육성 대상 산업의 선별 / 78

4. 정부와 민간, 국제기구의 역할에 대한 원칙 / 88

제4장 한반도 경제공동체 형성을 위한 북한의 제도개혁 방향과 전망

1. 북한의 제도개혁 방향 / 95

1) 투자활성화를 위한 특구정책 / 95

2) 경제자유화 조치 / 97

3) 조세제도의 정비 / 100

2. 북한 경제의 제도개혁 전망 / 102

1) 변화 추이 / 102

2) 변화 전망 / 105

3. 북한의 제도개혁과 주변국의 역할 / 109

1) 남한의 역할 / 109

2) 제3국의 역할 / 110

제5장 한반도 경제공동체 형성을 위한 재원조달

1. 한반도 경제공동체와 재원조달 문제 / 121

2. 재원조달의 특징과 이행경제로부터의 시사점 / 123
   1) 독일의 경험 / 124
   2) 동유럽의 경험 / 126
   3) 중국의 경험 / 130
   4) 한반도 경제공동체와 재원조달의 특징 / 131

3. 남한에서의 재원조달 / 133
   1) 기존 제도의 활용 / 133
   2) 새로운 제도의 도입 / 136
   3) 민간자금의 활용 / 138

4. 해외에서의 재원조달 / 140
   1) 외국 정부에 의한 양자적 지원 / 141
   2) 북한신탁기금과 북한개발지원그룹 / 145
   3) 국제금융기구에 의한 지원 / 147
   4) 국제민간자본의 투자와 지원 / 153
   5) 동북아 전문 개발은행의 창설 / 154

5. 한반도 경제공동체 형성을 위한 재원조달과 남한의 역할 / 156

제6장 결 론: 한반도 경제공동체를 향하여

참고문헌 / 173

찾아보기 / 177

Abstract / 181

표 차례

〈표 2-1〉 북한의 국가별 대외교역 비중 추이 / 13
〈표 2-2〉 금강산 관광대가 지불액 / 18
〈표 2-3〉 현대아산의 금강산관광사업 직접투자액 / 18
〈표 2-4〉 정부의 금강산관광사업 투자 현황 / 19
〈표 2-5〉 개성공단 입주기업 가동 현황(2008. 8) / 23
〈표 2-6〉 경의선 철도개보수사업 구간별 연장 길이 / 35
〈표 2-7〉 북한 9개 공업지구별 중심도시와 개성의 입지 여건 4단계 평가 / 65
〈표 3-1〉 남북한 명목 GNI의 규모 비교 / 70
〈표 3-2〉 남북한 주요 산업의 GDP 대비 비중 / 71
〈표 3-3〉 남한 10대 주력산업의 매출액 추이 / 72
〈표 3-4〉 남한의 업종 대분류별 해외투자 현황(2007. 9) / 73
〈표 3-5〉 남북한 인구 구성의 변화 추이 / 74
〈표 3-6〉 남한 주요 산업의 해외직접투자 추이 / 80
〈표 3-7〉 남한 주요 산업의 부가가치 자본생산성 추이 / 82
〈표 3-8〉 표준산업분류와 10대 산업 간의 매칭 / 83
〈표 3-9〉 남한의 산업 중분류별 근로자의 학력수준 비중 / 84
〈표 3-10〉 남한 주요 산업의 자산 대비 노동력 비율 추이 / 86
〈표 3-11〉 종합평가 / 87
〈표 4-1〉 북한의 공식 환율과 암시장 환율 / 99
〈표 4-2〉 북한의 재정 관련 개선조치 전후 예산 수입항목 비교 / 101
〈표 4-3〉 남북협력기금의 용도별 지출(남북협력계정) / 110

〈표 5-1〉 동유럽 이행경제의 주요 해외재원조달 채널 / 129
〈표 5-2〉 개발자금조달 채널로 본 북한의 특징 / 131

그림 차례

〈그림 2-1〉 남북교역의 규모 / 12
〈그림 2-2〉 남북교역 업체와 품목 / 12
〈그림 2-3〉 금강산 관광객 유치 추이 / 18
〈그림 2-4〉 개성공단의 생산규모와 북측 고용인원 추이 / 22
〈그림 2-5〉 개성공단 2단계 개발계획 / 33
〈그림 2-6〉 평양–개성 고속도로 개보수 대상 구간 / 36
〈그림 2-7〉 한강 하구 골재채취사업 위치도 / 41
〈그림 2-8〉 남북한 위탁가공교역 추이 / 62
〈그림 2-9〉 북한 9개 공업지구별 중심도시와 개성의 30km 버퍼 / 65
〈그림 3-1〉 남한의 대중국 직접투자 실행액 추이 / 79
〈그림 3-2〉 남한의 대중국 직접투자 업종구성 변화(금액 기준) / 79
〈그림 5-1〉 국내 재원의 조달 형태 / 139
〈그림 5-2〉 해외 재원의 조달 형태 / 155

제 1 장 서론

1. 한반도 경제공동체의 필요성

2. 한반도 경제공동체의 형성 단계와 책의 구성

1. 한반도 경제공동체의 필요성

일반적으로 '경제공동체'란 둘 이상의 국가가 상호 간에 무역과 투자의 자유화를 시작으로 동일한 관세정책을 도입하고 나아가 재정, 금융 등 대내 경제정책에서 상호 협력과 조율을 추구하는 하나의 공동경제단위를 말한다. 이러한 경제공동체는 크게 제도적 경제공동체와 기능적 경제공동체로 구분된다. '제도적 경제공동체'는 EU의 형성 과정에서 보듯이 자유무역협정(Free Trade Agreement), 관세동맹(Customs Union), 공동시장(Common Market), 경제동맹(Economic Union) 등 구체적인 제도적 뒷받침과 함께 추진되는 형태를 말한다. 반면에 '기능적 경제공동체'란 제도적 통합은 없지만 관련 국가 간의 모든 경제활동이 상호 긴밀히 연계되어 있어 실질적으로 경제공동체를 형성하고 있는 경우를 말한다. '한반도 경제공동체'란 이러한 제도적 혹은 기능적 통합이 남북한 경제에 형성되어 있는 상태를 말한다.

한반도 경제공동체는 다음과 같은 측면에서 우리가 반드시 성취해야 할 과제라 할 수 있다. 첫째, 한반도 경제공동체는 남북한 간의 평화정착을 위해서 필요하다. 정치 · 외교적 이유로 남북관계가 경색되더라도 한반도 경제공동체는 지속적인 평화의 연결고리가 될 수 있기 때문이다. 한반도 경제공동체에서는 남북한 간의 교류협력이 심화되어 양국의 경제관계가 상호 의존적인 구조로 재편되어 있을 것이므로 남북관계가 경색되는 것은 서로를 위해 바람직하지 않게 된다. 따라서 남북한이 서로의 경제적 이익을 위해 관계가 경색되는 것을 피하고 평화적 공존을 모색하게 된다. 그 결과 국내 정치적 상황이나 국제 정세가 변하더라도 한반도 경제공동체가 구축되어 있으면 남북관계가 급격히 냉각되는 일은 없게 된다.

둘째, 한반도 경제공동체는 양국의 번영을 위해서도 필요하다. 한반도 경제공동체는 상호 간에 경제적 이익을 가져다줄 것으로 기대되기 때문이다. 북한의 천연자원과 비용 대비 우수한 노동력에 남한의 자본과 기술력이 결합된다면 양국은 많은 시너지를 창출할 수 있다. 중국의 부상으로 구조조정의 압력을 받고 있는 남한의 기업들은 대북투자로 새로운 돌파구를 마련하고, 북한은 경제회생을 위한 획기적인 계기를 마련할 수 있을 것이다. 우리는 이미 개성공단사업을 통해 그 가능성을 확인하고 있다.

셋째, 한반도 경제공동체는 남북한 간에 상호 이해와 신뢰를 강화하기 위해서 필요하다. 남북한 간의 경제적 교류협력을 활성화하게 되면 서로에 대한 이해가 높아져 현재 남북관계의 가장 큰 장애라고 할 수 있는 상호 신뢰부족 문제도 점차 해소될 수 있을 것이다. 한반도 경제공동체는 경제적 교류협력을 활성화하여 남북한 경제의 상호 의존성을 강화하고, 궁극적으로는 남북한 주민 간에 공동의 경제생활권을 형성하는 것을 목표로 한다. 이 과정에서 남북한 간에 이해와 신뢰가 쌓여가는 것은 당연한 일이다.

넷째, 한반도 경제공동체는 궁극적으로 통일을 위해서도 필요하다. 통일이 단기간 내에 급격히 성사되는 것은 가능하지도, 바람직하지도 않다. 남북한 간의 경제적 · 문화적 격차를 그대로 둔 채 통일이 되면 사회 · 경제적으로 많은 비용을 지불해야 할 것이기 때문이다. 따라서 정치적 통합에 앞서 양국이 교류를 확대하면서 이질성을 줄이기 위해 노력하는 것이 중요하다. 특히 한반도 경제공동체는 양국의 경제적 교류를 크게 확대하여 서로에 대한 이해를 증진시킬뿐더러 그 결과로 경제력 격차를 해소하는 효과도 있다. 경제적 통합이 정치적 통합을 준비하고 촉진하는 의미를 가지고 있는 것이다. 우리의 공식적인 통일방안인 '민족공동체통일방안'에서도 통일은 화해협력단계로부터 남북연합단계를 거쳐 통일국가단계로 진행하는 것으로 상정하고 있다. 남북연합단계의 전제조건은 남북한 간 경제적 연관성의 심화라고 할 수 있다. 다시 말해 한반도 경제공동체는 통일을 위해 반드시 거쳐야 하는 중간단계인 것이다.

이와 같이 한반도 경제공동체가 우리에게 매우 중요한 과제임에도 불구하고 남북한 간의 경제교류는 정치 · 외교적 변수에 의해 많은 영향을 받아온 것이 사실이다. 남북관계가 다소 정체되어 있는 현시점에서 이러한 남북한 경제관계의 확대는 더욱 중시되어야 한다. 본고는 미래에 대비하여 남북한 간의 경제관계를 확대하고 한반도 경제공동체를 준비하는 노력이 절실하다고 보고, 이를 위해 남북한 양국이 해야 할 일들을 살펴보고자 한다.

2. 한반도 경제공동체의 형성 단계와 책의 구성

한반도 경제공동체의 최종 목표는 남북한이 하나의 경제권을 형성하는 것인데, 최종 단계에 이르기까지 많은 단계를 거쳐야 한다. 특히 핵 문제의 해결과 북한의 개혁조치는 이러한 단계 설정에 중요한 기준을 제공하게 될 것이다. 한반도 경제공동체의 형성은 구축단계, 심화단계, 완성단계의 3단계로 나누어 추진될 것이다.[1] 본 연구는 주로 구축단계와 심화단계

1. 이하의 3단계 구분은 정형곤 외(2007)에서 김병로 박사가 집필한 제1장 12-15쪽의 내용을 참고하였음.

를 전제로 하고 있으며, 완성단계의 과제에 대해서는 추후의 연구로 돌리고자 한다.

제1단계인 구축단계는 남북경협의 활성화를 목표로 한다. 북한이 사회주의 경제체제를 유지하면서 현재 계획하고 있는 특구 중심의 개혁 · 개방을 지속시키는 단계이다. 북한 핵 문제는 현재의 해결구도가 진전되는 것으로 상정한다. 이 시기 동안 남한은 남북경협을 확대하기 위한 국내의 공감대를 형성한다. 그러나 핵 문제를 완전히 해결하는 데는 이르지 못하여 북한에 대한 대규모 재원조달은 어려운 상황이라고 전제한다. 다음의 제2장에서는 주로 제1단계의 주요 과제를 선별하여 남북경협사업의 현황과 과제를 다룬다.

제2단계인 심화단계는 대북투자를 대폭 확대하고 이를 위한 북한의 제도개선을 목표로 한다. 북한은 여전히 사회주의 경제체제를 유지하고 있으나 이 시기에 이르면 남한 정부의 북한경제발전계획에 따른 대북경제지원이 시작되면서 남한 기업이 북한에 본격적으로 진출하는 단계로 발전하게 될 것이다. 이 시기에는 남북한의 경제체제가 통합을 위한 준비를 할 필요가 있으며, 이런 점에서 북한의 제도개혁이 매우 중요하다. 또한 핵 문제가 완전히 타결되면서 북한의 대외관계가 획기적으로 개선되어 IMF와 같은 국제금융기구의 대북지원이 전면적으로 실시될 것이므로 이와 연계한 남한의 대북지원전략이 중요하다. 이 책의 제3장부터 제5장까지는 이러한 심화단계를 전제로 작성되었다. 제3장에서는 심화단계에서의 대북투자 기본 방향을 제시하고, 제4장에서는 그 단계에서 필요한 북한의 경제개혁 방향을 서술한다. 그리고 제5장에서는 이와 같은 남북경협을 지원하기 위한 재원조달 전략을 제시한다.

제3단계인 완성단계에서 한반도 경제공동체는 최소한 EU 정도의 경제통합을 목표로 정책을 추진한다. 이 단계에서 북한은 사회주의 경제체제를 포기하고 시장경제체제를 전면적으로 도입하는 것으로 상정한다. 남북한은 공동시장 내지는 경제동맹 같은 제도적 경제공동체도 추진할 수 있을 것이며, 이에 따라 남북한의 각종 경제제도와 정책이 조율되고 일부는 통합될 것이다. 따라서 완성단계의 핵심과제는 남북한의 각종 경제제도를 통합하는 것이 될 것이다. 북한의 제도를 남한과 일치시켜나가는 단계적인 제도전환 프로그램도 마련되어야 한다. 북한의 제도를 남한에 수렴시켜나가는 노력은 물론이고, 필요하다면 남한의 제도 역시 통합을 위한 준비를 해야 할 것이다. 그러나 이러한 상황은 중·단기적으로는 도래하지 않을 것으로 판단된다. 따라서 이 책에서는 이러한 완성단계를 다루지는 않기로 하며, 완성단계에 도달하기 위해 그 이전에 해야 할 일들에 초점을 맞추기로 한다.

남북한 및 통일과 관련한 경제 부분의 연구는 크게 남북경협 연구, 북한 제도개혁 연구, 남한의 대응전략 연구, 남북한 제도통합 연구로 구성된다. 이런 점에서 본고의 제2장과 제3장은 남북경협 연구, 제4장은 북한 제도개혁 연구, 제5장은 남한의 대응전략 연구에 해당한다. 제2장에서 중·단기적인 남북경협의 방향을 설명한 후 제3장에서는 보다 장기적인 시야에서 남북경협의 방향을 제시하고자 한다. 제4장과 제5장은 한반도 경제공동체를 형성하기 위해 남북한이 해야 할 일을 다루게 되는데, 제4장에서는 대규모 남북경협이 가능하기 위해 북한에 필요한 제도개혁의 방향과 전망을 다루며, 제5장에서는 남한이 검토해야 할 재원조달 방안을 고찰한다. 이 책에서는 한반도 경제공동체의 제3단계인 완성단계는 다루고 있지 않기 때문에 남북한의 제도통합과 관련된 연구는 포함되어 있지 않으며, 이는 차후의 연구과제로 남기고자 한다.

제 2 장

남북경협사업의 현황과 과제

1. 남북경협사업의 성과 평가
2. 금강산관광사업 및 개성공단건설사업의 평가와 과제
3. 개별 남북경협사업의 추진 방향과 과제

1. 남북경협사업의 성과 평가

1) 남북교역

남북교역은 남한 정부가 1988년 '민족자존과 통일번영을 위한 특별선언'(7.7선언)을 통해 "남과 북은 분단의 벽을 헐고 모든 부문에 걸쳐 교류를 실현할 것"을 선언함에 따라 1989년(1,800만 달러 규모)부터 시작되었다. 이후 1994년 '남북경제협력 활성화 조치'의 발표로 남북교류협력 환경을 개선하는 계기를 맞이하였고, 2000년 6.15공동선언을 통해 남북경협사업은 본격적으로 확대되고 활성화되는 단계에 접어들었다. 〈그림 2-1〉에 나타난 바와 같이 남북교역 실적은 꾸준한 증가 추세를 보이다가 2000년대 들어서는 급격히 증가하고 있다. 실제 2007년 남북교역 실적을 보면 1991년에 비해 교역규모는 16배, 품목은 15배, 업체 수는 7.5배로 증가하였고, 특히 2000년 이후에는 연평균 20%대의 성장세를 보이고 있다.[1]

교역제품 중에서 반입품은 농수산물, 섬유, 광산, 철강 · 금속 제품이 주류를 이루고 있으며, 주요 반출품은 공업제품, 섬유, 농수산물, 전기 · 전

1. 남북교역에 대한 세부적인 통계자료는 한국무역협회(KITA) 「남북교역동향」의 각 연도별 자료를 근거로 하였다.

〈그림 2-1〉 남북교역의 규모

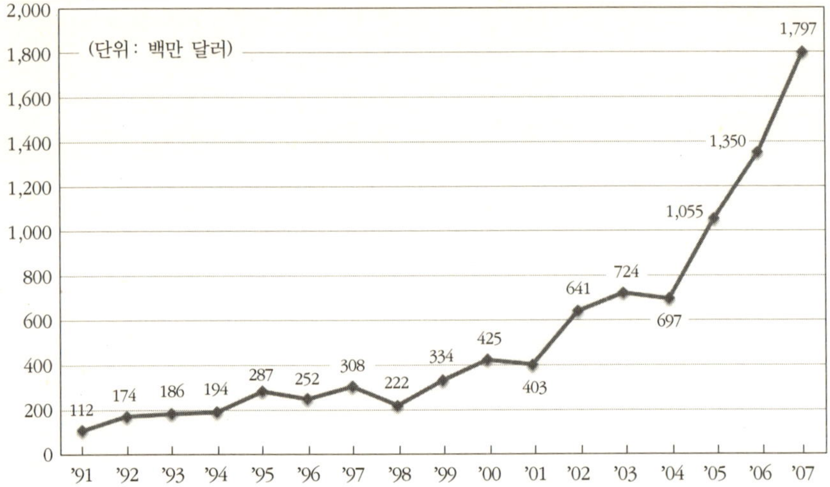

자료 : 통일부, 「남북교역통계자료」.

〈그림 2-2〉 남북교역 업체와 품목

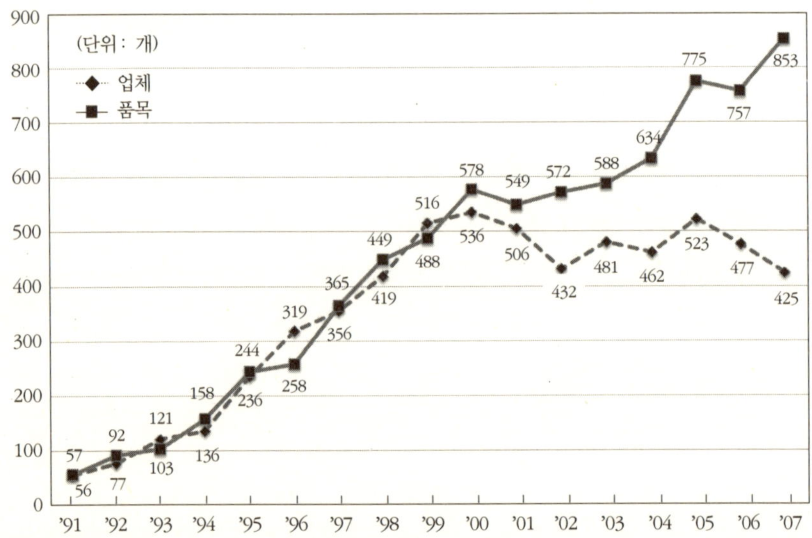

자료 : 한국무역협회(KITA), 「남북교역동향」.

자 제품 등이다. 2007년 기준으로 볼 때 특히 섬유류의 비중이 반출은 20.7%, 반입은 24.8%로 반출입 모두에서 가장 높은 비중을 차지하고 있는 것으로 나타났다.

교역구조 면에서는 일반교역, 위탁가공교역, 경제협력 등 상업적 거래의 비중이 증가하면서 남북교역이 점차 내실화되고 있다. 2007년 기준으로 남북한 간의 상업적 거래는 전체 남북교역액의 79.6%를 차지하여, 제1차 남북정상회담 이후 가장 높은 비중을 차지하고 있다. 그럼에도 반입 중심의 교역구조와 여전히 높은 비거래성 교역(대북지원 및 협력사업 물자)의 비중을 고려할 때 상대적으로 교역의 질적인 구조는 아직 취약한 것으로 평가된다.

남북교역이 급증한 주요 요인으로는 위탁가공교역, 개성공단, 대북지원 확대 등을 들 수 있으며, 특히 2007년 기준으로 전체 상업적 거래에서 개성공단 제품이 차지하는 비중은 30.8%에 이르고 있어 개성공단의 개발이 남북교역의 급증을 실질적으로 주도하고 있음을 알 수 있다.

남북교역이 북한의 대외교역에서 차지하는 비중도 꾸준히 증가하고 있다. KOTRA의 발표에 따르면 2007년 북한의 전체 대외교역에서 남북교역

〈표 2-1〉 북한의 국가별 대외교역 비중 추이

(단위: %)

구분	2001	2002	2003	2004	2005	2006	2007
중 국	27.6	25.4	32.8	39	38.9	39.1	41.7
남 한	15.1	22.1	23.2	19.6	26	31.1	37.9
태 국	4.9	7.5	8.2	9.3	8.1	8.6	4.8
러시아	2.6	2.8	3.8	6	5.7	4.8	3.4
일 본	17.8	12.7	8.5	7.1	4.8	2.8	2.6
기 타	32.2	29.5	23.4	19	16.4	13.6	9.6
합 계	100	100	100	100	100	100	100

자료: KOTRA(2008), 「2007년 북한의 대외무역동향」.

의 비중은 37.9%로 중국의 41.7% 다음으로 높은 비중을 차지하고 있으며, 북한의 대외교역에서 남한과 중국이 차지하는 비중만 80%에 이르는 상황이다(〈표 2-1〉 참조).

대북지원 또한 기존의 '단순한 긴급구호'에서 '개발지원'으로의 전환이 모색되는 한편, 민관 합동 대북지원 모델이 시도되었다. 2004년 용천재해 지원을 계기로 재난 발생 시 민관 합동으로 대북지원을 추진한 점과 2005년부터 민간단체 합동사업 추진, 2006년부터 중·장기 계획으로 정부와 민간, 국제기구의 역할분담 아래 북한의 영유아 지원사업에 착수한 것이 그러한 예라고 할 수 있다.

2) 제도개혁의 성과

2000년 남북정상회담은 남북경협의 제도개혁에 있어 하나의 중요한 전환점이 되었다. 6.15공동선언 이전에는 남측의 개별 기업과 북측 당국 간의 합의와 신뢰를 바탕으로 남북경협이 진행되었다면, 6.15공동선언 이후에는 남북한 당국이 남북경협을 주도적으로 이끌어 나가기 시작하면서 이를 위한 법적·제도적 장치를 구축하기 시작했고, 이 틀에 따라 남북경협이 추진되어왔다.

남북경협의 제도적 인프라와 관련해서 2000년 6월 정상회담 이후 지금까지 '남북경제협력추진위원회'와 각급 실무회담을 통해 '경협 4대 합의서'와 원산지 확인 합의서, 개성공단 통신·통관·검역, 상사중재위, 열차·차량 운행, 개성·금강산 지구 출입·체류(통행), 해운 및 해운부속 합의서 등 총 14개의 합의서를 채택했다.

특히 2003년 8월 20일에 발효된 '경협 4대 합의서'(투자보장, 이중과세 방지, 청산결제, 상사분쟁)는 대북 투자자산을 보호하는 등 남북경협을 안정적으로 뒷받침하기 위한 중요한 기반이라고 평가되고 있다. 이후 '경협 4대

합의서'의 후속조치로 2003년 12월 17~20일 평양에서 제4차 남북경협제도실무협의회가 개최되었으며, 청산결제 합의서와 관련해서는 2003년 7월 31일 제2차 남북경협제도실무협의회 때 한국수출입은행과 북조선무역은행을 청산결제은행으로 선정했고, 상사분쟁해결절차 합의서와 관련해서는 상사중재위의 구성 및 운영에 관한 합의서를 채택하고(2003. 10. 12), 발효한(2005. 8. 1) 바 있다.

2005년 5월 31일에는 '남북교류협력에관한법률'을 개정한 이후 하위규정을 개정하여 교류협력 관련 제도와 절차를 간소화하고, 국민의 편의를 도모하며, 남북경협 활성화를 뒷받침하도록 했다(2005. 12. 1 시행). 또한 13개 남북경협 합의서(투자보장, 이중과세 방지, 차량운행, 출입 · 체류 등) 발효에 따른 제도적 장치를 확충하고 남북경협협의사무소 개설(2005. 10. 28)을 통해 남북경협의 제도화 수준을 높이기 위해 힘써왔다. 국내적으로는 남북한 간의 합의와 관련하여 '남북관계발전기본법'의 제정을 추진하는 등 국내법 · 제도 정비를 병행했으며, 2005년 12월 '남북관계발전에관한법률'이 국회 본회의를 통과하여 정식으로 공포되었다. 그러나 상사분쟁해결제도, 청산결제, 열차운행 합의서에 대해서는 후속조치의 지연 등으로 합의서상 제도적 보장 사항이 이행되지 않고 있다.

또한 소위 '3통 문제'(통행, 통신, 통관)가 남북경협 활성화의 주요 장애요인으로 제기되어왔는데, 2007년 남북정상회담에서도 동 사안의 개선에 합의한 바가 있으나 아직도 그 시행은 지체되고 있는 상황이다. 현재 남한 기업인들이 개성공단을 방문하기 위해서는 북한 측으로부터 초청장을 받아야 하는데, 여기에만 10~15일 정도가 걸린다. 여기에 남한 당국에 북한 방문 신청을 하고 출입계획을 통보한 다음에 방문증명서까지 받으려면 보름 정도가 더 필요한 상황이다. 공단에 들어간 이후에도 방문시간이나 기간이 탄력적으로 운영되지 못하고 있다. 당일 방문의 경우 이동 시간과 방문심사 시간이 엄격히 지켜지고 있기 때문에 실제로 가서 일을 볼 수 있는 시간은 네 시간 정도에 불과하다. 통신 여건의 경우도 2007년 말에 개성공단 통신센터가 완공되어 300회선의 남북한 직통 전화선이 생겼기 때문에 시범단지에 입주해 있는 기업들이 전화나 팩스를 이용하는 데는 불편함이 없다. 그러나 인터넷과 휴대전화는 아직도 사용할 수 없어 정보 교환에 어려움을 겪고 있다. 통관 문제와 관련해서도 개성공단에서 생산한 제품을 남한으로 보낼 경우에는 원산지 증명과 각종 면허절차에 필요한 서류를 챙겨야 하기 때문에 해외로 수출할 때보다 더 복잡한 상황이다. 또 공단에서 필요한 물자를 반입할 때도 전략물자가 아니라는 점을 증명하기 위해서 여러 부처를 거쳐야 하는 문제가 있다. 앞으로 남북관계를 개선한 후 남북경협을 활성화하기 위해서는 무엇보다도 기존에 합의된 바 있는 개성공단 내 경영환경 개선 문제를 우선적으로 해결할 필요가 있다. 또한 개성공단 내의 안정적 시행결과를 바탕으로 차별화된 제도적 환경을 점차 다른 경협 분야로 확산시키려는 노력이 필요하다.

2. 금강산관광사업 및 개성공단건설사업의 평가와 과제

1) 금강산관광사업

(1) 추진 현황과 성과

금강산관광사업은 1998년 4월 정부의 '남북경제협력 활성화 조치'가 발표되고, 그해 6월 정주영 현대그룹 명예회장 일행이 북한을 방문하여 조선아시아태평양평화위원회와 금강산 관광 및 개발 사업에 전격적으로 합의함으로써 추진될 수 있었다. 이후 10월 29일 현대와 북한은 금강산관광사업에 대한 4건의 합의서를 체결하였고, 11월 관광선 금강호가 이산가족 등 826명을 태우고 동해항을 출항함으로써 금강산관광사업이 본격적으로 시작되었다.

그러나 현대아산이 북한에 지불하기로 한 관광대가 9억 4,200만 달러와 부두 및 도로 건설 등 약 1억 달러가 넘는 초기투자에 대한 부담과 더불어 육로관광의 지연으로 관광객이 감소하면서 관광사업이 시작된 지 1년 만에 중단될 위기에 직면했었다. 이에 따라 2001년 6월 8일 관광대가를 총액 개념에서 관광객 1인당 지불 개념으로 변경하였고, 해로관광을 1인당 100달러(육로 1인당 50달러)로 낮추는 한편 육로관광과 관광특구 지정 추진의 합의를 이끌어냈다. 금강산관광사업에 대한 정부 차원의 지원조치 또한 시행되었다. 2001년 6월 한국관광공사를 공동사업자로 선정하고 남북협력기금 900억 원의 대출을 허가한 바 있으며, 2002년 4월부터는 학생, 이산가족 등에 대한 금강산관광 경비 보조를 실시하는 등 다양한 지원조치를 시행하였다.

이후 금강산관광사업은 육로관광 개시(2003. 9. 1)를 계기로 안정화 추세로 접어들었으며, 2005년에 들어서는 관광객이 연간 100만 명을 돌파하였다. 2006년 미사일 발사와 핵실험으로 인해 감소하던 관광객 수는 2007년 5월 내금강 코스의 개방 등에 힘입어 다시 회복세를 보였으나, 2008년 7월 금강산관광객 피격 사건으로 인해 현재는 잠정 중단된 상황이다.

금강산관광사업의 운영방식은 현대아산이 단독 투자하고 경영하는 방식으로 북한 측 파트너는 '조선아시아태평양평화위원회'이며, 현대아산이 북한으로부터 50년간 유효한 토지이용권을 획득하여, 단독 투자하고 실제적으로 소유·운영하는 형태이다. 2007년 말까지 투입된 8,014억 원 중 현대아산의 직접투자 비중은 86.9%이며, 이 가운데 68.2%는 관광대가로 지불하고, 31.8%는 시설투자에 투입되었다.[2] 이렇게 금강산관광사업은 현대아산이라는 민간기업 차원에서 주도되고 있으나, 정부가 금강산관광사

2. 현대아산 내부자료(2008).

〈그림 2-3〉 금강산 관광객 유치 추이

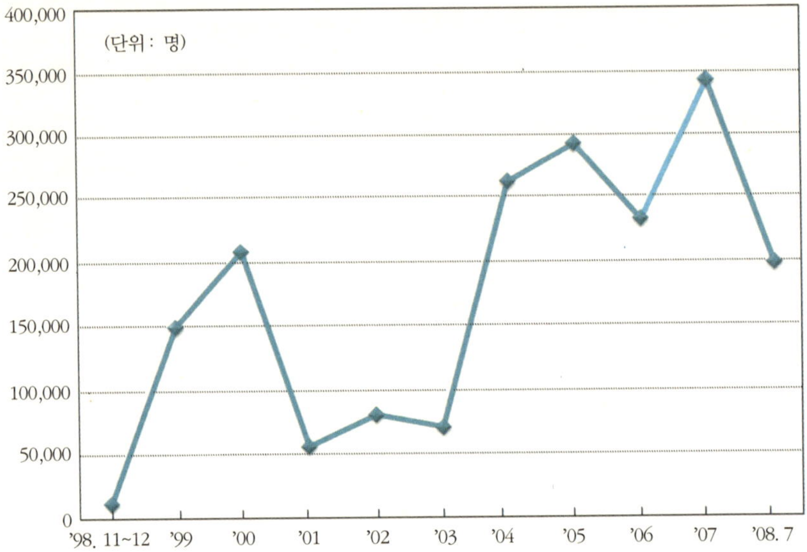

자료 : 통일부.

〈표 2-2〉 금강산 관광대가 지불액 (단위: 천 달러)

1999	2000	2001	2002	2003	2004	2005	2006	2007	합계
206,000	136,000	37,212	21,492	13,127	15,254	13,482	12,333	20,384	475,284

자료 : 통일부.

〈표 2-3〉 현대아산의 금강산관광사업 직접투자액 (단위: 천 달러)

1999~2000	2001	2002	2003	2004	2005	2006	2007	합계
130,410	11,653	2,506	3,834	8,641	36,997	20,039	7,513	221,593

자료 : 통일부.

업에 대해서 독점권을 인정하는 것은 아니며, 단지 북한 법령에 의해 부여받은 개발업자의 권리를 인정하는 입장일 뿐이다. 따라서 정부는 관리위

〈표 2-4〉 정부의 금강산관광사업 투자 현황 (단위: 백만 원)

기간	투자사업	지출액
2001. 6	온천장, 문화회관 및 온정각 지분인수(경협사업)	90,000
2002. 4~12	이산가족, 국가유공자, 장애인, 학생 등에 금강산관광 경비 지원	21,500
2002. 12~2005. 2	중·고등학생 금강산 체험학습 경비 지원(1차)	2,970
2004. 9	금강산 관광지구 내 도로 신규 포장, 보수	2,720
2005. 12~2006. 3	학생·교사 금강산 체험학습 경비 지원(2차)	4,970
2006. 4	금강산관광 지역 소방설비 등 지원	2,300
합계		124,460

자료: 통일부.

원회를 설치하여 현대아산의 독점력 완화와 경쟁질서 확립을 추진하고, 실질적으로 남북 양측 제도의 통제를 받도록 함으로써 사업 안정성 보장을 유도하고자 한다. 또한 정부는 나아가 금강산관광사업의 주도권을 확보할 경우 각 사업을 관련 전문 사업자(한국관광공사, 한국가스공사 등)에게 분배하고, 현대아산의 사업영역은 관광 부문으로 점차 축소시키겠다는 입장이다.

금강산관광사업에 대한 정부(통일부)의 직·간접적인 지원 내역을 살펴보면, 금강산관광사업을 지원하고 활성화하기 위해 2001년부터 2006년까지 남북협력기금을 이용하여 무상지원, 장기저리대출 형식으로 총 1,244억 6,000만 원을 투자(2007년은 지원 실적 없음)하였다(〈표 2-4〉 참조).

(2) 개선 방향

현재로서는 북한의 핵실험과 금강산관광객 피격 사건으로 인해 잠정적으로 중단된 사업을 정상화하는 것이 우선적인 과제이나, 이와 별도로 사업의 활성화를 저해하는 다음과 같은 문제들 역시 해결되어야 한다.

첫째, 불안정한 전력공급 문제가 제기되고 있다. 현재 관광 성수기에는 전력공급의 부족으로 각종 시설을 정상적으로 운영하기 어려운 상황이며, 또한 설비 구매, 설치 및 운전 비용 등의 전력생산단가가 국내 공급단가를 크게 상회하여 경협사업자들이 국내 전력요금보다 약 3.5배나 비싼 전력요금을 부담하고 있는 것이 현실이다. 전력공급의 안정화를 위해 개성공단의 경우를 참조하여 향후 송배전 방식으로 전력을 공급하거나, 현지에 발전소를 건립하는 방안 등이 강구되어야 할 것이다.

둘째, 개성공단관리위원회와 같은 효율적인 관리체계가 마련되어 있지 않다는 문제가 지적되고 있다. 물론 이와 관련하여 통일부는 금강산관리위원회를 설립하기 위해 2007년과 2008년 각각 70억 원과 73억 원의 예산을 편성하여 추진했으나 현재는 남북관계가 정체되어 있어 중단된 상태다. 그러나 향후 특구개발사업의 체계적·효율적 운영관리를 위해서는 이와 함께 ① 각종 세칙 및 준칙 마련, ② 국민의 신변안전 및 재산권 보호, ③ 특구개발 촉진 등 체계적인 지원책을 마련하는 것이 필요하다.

셋째, 사업확대에 따른 금강산 특구 내 관광 인프라 건설에 필요한 재원확보 문제가 제기되고 있다. 내금강산 지역 내 도로포장과 교량보수, 오폐수 처리시설 등 당면한 관광 인프라 건설에 필요한 재원을 확보하는 것이 가장 시급한 과제다. 또한 향후 특구종합개발계획이 확정되면 금강산-통천-원산 일대에 이르는 10개의 관광특화지역 개발에 막대한 재원이 소요될 것으로 전망되기 때문에 이에 대한 지원 및 투자재원 확보 방안을 마련할 필요가 있다. 현재 현대아산 등 민간 사업자를 중심으로 추진되고 있는 사업이나 상징적인 협력사업으로서의 가치를 고려하여 정부 차원의 지원을 중점적으로 검토하는 한편, 수익성 있는 사업을 중심으로 민간 사업자의 추가적인 참여를 유도할 필요가 있다.

마지막으로 무엇보다 사업진행 과정에서 발생할 수 있는 정치·안보적 장애요인에 대한 효과적인 대처가 필요하다. 현재 금강산관광사업의 가장 큰 불안요소는 사업 과정에서의 북측 태도의 불안정성, 북핵 문제, 북한의 국내 정치적 요인과 같은 정치·안보적 요인이다. 일례로 관광 시작 7개월 만인 1999년 6월 20일 관광객 민영미(閔泳美) 씨가 북한 환경감시원에게 귀순 공작을 했다는 이유로 억류되었다가 6일 만에 풀려났으며, 이로 인해 북한 관광이 45일간 중단(1999. 8. 5 관광 재개)된 바 있다. 또한 현대가 김 부회장을 경영 일선에서 물러나게 한 이후 북한은 금강산관광객 수용 숫자를 줄이고 개성·백두산관광 협상을 거부하는 등의 압력을 행사하기도 했다. 또한 금강산관광객 피격 사건으로 금강산관광사업은 현재 중단된 상태이다. 이러한 요인들은 경제개혁이 정치개혁의 요구로 이어질 것에 대한 북한 정부의 우려에 따른 것으로 판단된다. 즉 북한 지도부는 개혁·개방이 시장주의적 요소와 자본주의적 사상의 유입을 초래하고 이것이 북한의 일원적 정치·경제체제와 충돌할 것을 우려하는 것이다. 정치·안보적 요인은 남북관계의 특성상 피할 수 없는 과제이지만 북측의 참여를 최대한 유도하는 한편, 사업 안정성을 확보하기 위한 다양한 제도적 합의를 이끌어내는 노력을 통해 이런 불안요인을 최소화할 필요가 있다.

2) 개성공단건설사업

(1) 추진 현황과 성과

개성공단은 남한 정부와 민간 기업, 북한 당국의 3각 협력 아래 추진되고 있는 대규모 대북투자 프로젝트이며, 단순한 공단개발을 넘어서 교류 확대를 통한 남북한 간 산업 인프라 및 경제 통합의 실험무대로서 중요한 의미를 가진다.

개성공단의 최대 장점은 남한 기업 전용공단으로서 하부구조 구축 등을 효율적으로 추진할 수 있고, 남측 수도권과 인접해 있어 물류비와 시간을

절약할 수 있다는 데 있다. 또한 북측의 저임금(월 최저임금 57.5 달러) 노동력을 활용할 수 있다는 점에서, 인건비 상승과 인력 부족으로 타격을 받고 있는, 노동집약적 업종의 남한 중소기업에게는 획기적인 사업기회가 될 수 있을 것이다.

또한 개성공단은 첨예한 군사적 대치 지역에서 남북한이 공동으로 개발사업을 전개함으로써, 화해와 협력의 분위기를 고착시키는 평화사업으로서의 가치를 지니고 있다. 즉 개성공단을 개발함으로써 환황해권의 경제협력 확대를 위한 교두보를 마련했고, 향후 개성공단의 성공적인 개발을 통해 남북경협의 중요성과 필요성을 북측이 체감하게 될 경우 한반도 안보의 불안정성은 크게 완화될 수 있을 것이다.

개발사업 측면에서 보면 개성공단은 민간기업인 현대아산에 위임되었으나 공기업인 한국토지공사가 기반시설 건설과 공단 분양을 주도하고 있다. 그리고 통일부 개성공단사업지원단과 북측의 중앙특구지도총국, 그리

〈그림 2-4〉 개성공단의 생산규모와 북측 고용인원 추이

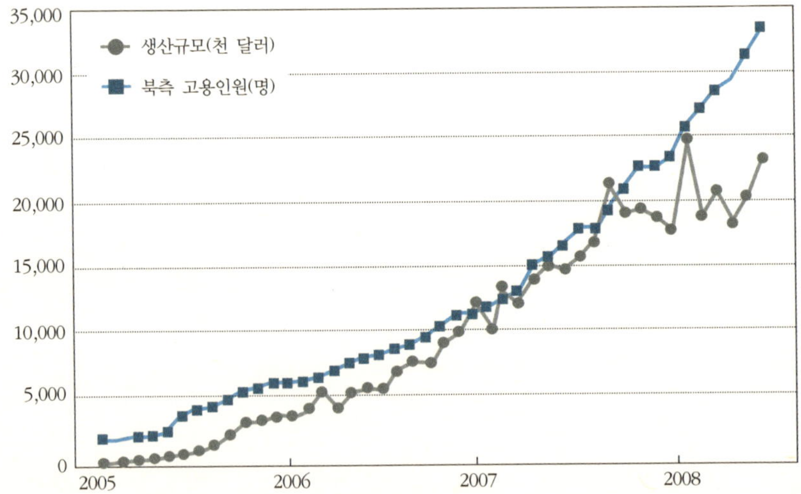

자료 : 개성공업지구관리위원회(http://www.kidmac.com).

〈표 2-5〉 개성공단 입주기업 가동 현황(2008. 8) (단위: 개)

구분	섬유봉제	화학	기계·금속	전기·전자	식품	합계
시범단지	3	2	17	5	-	27
본단지 1차	42	-	1	-	-	43
본단지 2차	5	1	2	-	1	9
합계	50	3	20	5	1	79

자료: 개성공업지구관리위원회(http://www.kidmac.com).

고 남측이 주관하되 북측에서도 참여한 행정관리기관인 개성공단관리위원회 등 남북한 당국이 사업 전반의 진행을 관리하고 있는 공적 성격의 사업이다.

개발대상구역은 개성시와 판문군 일대 총 2,000만 평인데, 3단계로 나누어 순차적으로 개발될 계획이다. 2004년 12월 15일 첫 제품을 생산한 개성공단은 2007년 5월 1단계 사업이 완료되었으며, 2008년 8월 현재 시범단지까지 총 79개 기업이 공단에 입주해 있다. 입주기업 증가와 함께 공단 내 생산규모 또한 지속적으로 증가하여 총생산누적액(2005~2008. 8)은 4.3억 달러, 누적수출액은 8,900만 달러를 달성했으며, 2007년 말 현재 개성공단사업이 남북한 간의 상업적 교역에서 30.8%를 차지하는 등 전체 남북경협사업을 주도하고 있다.

(2) 개선 방향

현재까지의 성과는 미미한 편이며, 북한은 2차 핵실험 후에 토지임대료 인상 등 부당한 요구를 하고 있지만, 향후 남북한 정부가 기존에 합의한 조건으로 돌아간다면 개성공단개발사업은 성공적인 남북경협 사례의 하나로 평가될 가능성이 있는 사업이다. 무엇보다 남측의 자본과 기술, 북측의 토지와 노동을 효과적으로 결합할 수 있는 모범적인 협력사업으로 그동안의 개발 및 운영에 대한 경험 축적으로 향후 발전가능성이 있고, 기타 경협사업에 미칠 파급효과도 클 것으로 기대된다. 그러나 개성공단의 성공과 개발사업의 확대·발전을 위해서는 다음과 같은 내재된 문제들을 개선하려는 꾸준한 노력이 필요하다.

첫째, 핵 문제와 같은 정치·안보적 불확실성으로 인해 사업추진에 많은 어려움이 예상되므로 개발 및 운영 시 신중한 접근이 필요하다. 현재는 북한의 대외관계가 정상화되어 있지 않아, 전략물자 반출 제한에 따른 설비투자 및 판로(원산지 문제) 제약 등의 문제가 발생하고 있다. 이는 기업들이 입주를 꺼리는 가장 중요한 이유 중의 하나인 만큼 향후 사업을 활성화하기 위해서는 6자회담 등을 통해 북한의 정상국가화를 유도하기 위한 지속적인 노력이 필요하다.

둘째, 개성 지역의 노동력 부족과 노무관리상의 제약, 통행·통관·통신상의 애로 등 북측 당국의 협조 미비도 큰 제약요인이 되고 있다. 특히 개성 지역에 대한 노동력의 안정적인 공급 문제에 대해서는 향후 2단계 등 확대 개발에 대비한 현실적인 대안을 마련하는 것이 시급한 상황이다. 현재로서 개성 지역 내 부족한 인력을 외부에서 조달하기 위해서는 별도의 근로자 숙소 건설, 통근을 위한 철도노선 마련 등 추가적인 비용이 발생할 수밖에 없다.[3] 이러한 문제를 해결하기 위해서는 무엇보다 북측의 협력에 대한 담보를 이끌어내기 위한 노력이 중요하다.

셋째, 금융지원의 규모와 형식에 대해서도 많은 문제가 제기되고 있다. 개성공단 내 자산의 담보가치 인정 문제, 남북협력기금을 통한 자금지원에서 상업은행을 통한 자금지원으로 전환하는 문제, 개성공단 내 법인이 차주가 되지 못하고 남한의 본사가 차주가 됨에 따라 본사의 부채비율이 높아져 신용도가 낮아지는 문제 등이 그러한 사례이다.

---

3. 개성공단 내 북측 근로자 수는 2008년 8월 현재 약 3만 3,037명에 이르며, 2단계 사업의 추진까지 고려할 경우 최대 10만 명 이상의 인력이 필요할 것으로 전망되기 때문에 인력조달은 매우 중요한 문제 중 하나로 제기되고 있다.

이러한 요인들을 통해서 볼 때, 향후 개성공단을 효과적으로 개발하고 운영하기 위해서는 다음과 같은 방향으로 개선전략을 세울 필요가 있다. 먼저, 효율적인 사업추진체계를 확립하는 것이 필요하다. 즉 정부 차원에서 주도적으로 개성공단사업계획을 수립하는 한편, 2단계 사업 추진 여부와 규모, 방식, 사업주체 등 사업추진체계를 확립해야 할 것이다. 또한 입주기업의 수익성을 저해하는 요소를 제거하기 위한 다양한 노력이 경주되어야 한다. 공단 내 건축비를 인하하기 위한 대책을 마련하고, 노동 관련 시행세칙을 제정하는 한편, 초청장 제도에서 출입증 제도로의 전환 등 통행·통관의 간소화를 위한 조치, RFID의 조속한 도입, 인터넷 개통, 통신비 인하 등 운영 및 관리의 편의를 위한 물적·제도적 인프라의 효과적인 구축이 이루어져야 한다. 또한 사업의 활성화를 위해서 초기 입주기업에 대한 효과적인 자금지원제도의 구축이 선행되어야 할 것이다.

한편 개성 지역은 대규모 단지로 개발하기에는 근본적으로 한계가 있어, 이러한 요인들을 충분히 고려하여 향후 개발계획을 조정해야 한다. 첫째, 산업입지 측면에서 개성 지역은 봉제의복 및 모피제품 제조업, 신발 제조업, 그리고 의료·정밀·광학기계 등 소규모 노동집약적 업종에 적합한 입지조건을 가지고 있으며, 대규모 단지로 개발하는 것은 적절치 못하다. 특히 대규모 단지로 개발하기에는 용수가 풍부하지 않고 노동력 공급에도 문제가 있다. 즉 농업에 유리한 지리적 조건으로 인하여 안정적 수원 공급도 어렵고, 평양과 평안남도, 함경남북도 지역에 비해 노동가용인력이 부족하여 대규모 개발 시 노동력 확보를 위해서는 원거리 인력조달 혹은 주거대책 마련이 불가피하다. 둘째, 국토의 균형개발이라는 측면에서도 개성 지역에 대규모 산업단지를 개발하는 것은 적절치 못하다. 일단 개성은 수도권과 인접해 있기 때문에 대규모 산업단지 개발은 수도권 과밀 현상을 심화시킬 수 있으며, 지역 간 균형이 깨짐으로써 지역갈등의 불씨를 제공할 수 있기 때문이다.[4] 셋째, 개성 지역에는 남북한의 군사시설이 집중되어 있기 때문에 지역적 위험도가 높고 군사협조가 어려울 수 있다.

이와 같은 요인들을 고려할 때 현재 3단계로 계획되고 있는 개성공단개발계획을 2단계로 축소하고, 2단계 사업도 2-1, 2-2 등으로 세분화하여 접근할 필요가 있다. 또한 이후 상황 변화에 따른 추가적인 공장부지 수요는 항만 인프라가 확보된 해주 또는 남포에서 흡수하는 방안을 검토하며, 평양 등 기타 적절한 산업입지 보유지역에 대한 본격적 개발을 추진할 수 있을 것이다.

3. 개별 남북경협사업의 추진 방향과 과제[5]

1) 주요 남북경협 합의사업의 추진 방향

2007년 10월 2~4일 평양에서 7년 만에 열린 두 번째 남북정상회담에서 남북한 정상은 평화정착, 공동번영, 화해 · 통일에 관한 제반 현안에 대해 협의하고, 다양한 협력사업을 추진하는 데 합의하였다. 정상회담의 결과로 발표된 '남북관계 발전과 평화번영을 위한 선언'(10.4선언)은 ① 6.15공동선언의 적극 구현, ② 상호 존중과 신뢰의 남북관계로 전환, ③ 군사적 긴장 완화와 신뢰 구축(국방장관회담 개최), ④ 6자회담의 2.13합의 이행 협력, 평화체제 구축과 종전선언 논의 실현 노력, ⑤ 남북경협의 확대 · 발전과 서해평화협력특별지대 설치(부총리급 경제협력공동위원회 개최), ⑥ 사회 · 문화

---

4. 울산 · 미포국가산업단지의 규모는 공단만 약 8만 2,000평으로 개성공단 3단계 완공 시와 비슷한 규모이며, 개성에 울산 정도의 대규모 산업단지가 들어설 경우 개성은 북한 국민총소득(GNI)의 54%를 차지하게 된다.

5. 이 절은 2009년 북한의 2차 핵실험 이후의 남북관계 변화에 따른 남북경협 환경에 대해서는 다루고 있지 않다.

분야 교류협력의 발전, ⑦ 남북한 간 인도적 사업 협력, ⑧ 국제무대에서의 공동노력 등 8개항의 내용을 포함하고 있다.

이 가운데서도 남북한 정상은 경협사업으로 서해평화협력특별지대 조성과 개성공단 2단계 착수를 비롯하여 사회간접자본 확충, 백두산관광, 환경보호를 위한 조림사업과 농업개발사업 등 상당히 구체적인 협력사업을 추진하는 데 합의하였다.

개성공단의 경우 남북한 양측은 남북한 공동번영의 새로운 가능성을 제시하고 있다는 데 인식을 같이하는 한편, 이를 내실화하고 더욱 확대하는 데 합의하였다. 이에 따라 우선 통행・통신 문제를 해소하고 경의선 철도 연결구간 개통 등에 합의함으로써 상호 소통 확대와 물류비 절감 등 경협 환경을 개선하는 한편, 장기적으로 연중무휴・상시통행을 이룩하고 인터넷 개통 등을 통해 개성공단이 국제경쟁력을 갖출 수 있도록 육성한다는 데 의견을 같이하였다. 또한 1단계 사업의 성공을 바탕으로 빠른 시일 내에 2단계 개발에 착수하는 한편, 중・장기적으로 제2, 제3의 개성공단 조성을 적극 검토하자는 데 의견을 같이하였다.

제2차 남북정상회담에서는 서해에 '평화협력특별지대'를 개발하는 데 합의하였다. 이 프로젝트는 서해 NLL 등 군사 문제를 군사적 방식이 아닌 경제적 공동이익 관점에서 접근하는 발상의 전환을 통해 서해 '군사안보벨트'를 '평화번영벨트'로 전환하겠다는 의도에 따라 제안되었으며, 해주특구 및 해주항 개발, 공동어로수역 지정, 한강 하구 공동이용 등 크게 세 가지 사업으로 구분할 수 있다.

북측의 저렴한 인력 등을 활용하는 한편, 급증하는 선박용 블록을 안정적으로 조달하기 위해서 조선협력사업의 추진이 구상되었으며, 북측의 영남 배수리공장이 위치한 남포와 수심이 깊고 남측 조선소와 인접한 동해안 지역(안변)을 협력사업 후보지로 우선 선정하였다.

그 밖에 농업, 보건의료, 환경보호 등의 협력에 대해서도 합의했는데,

농업 부문의 경우 남북농업협력위원회를 조기에 개최하여 시범협동농장 운영, 종자개발・처리시설 지원 등 기존 합의사항을 이행하면서 남측의 자본・기술과 북측의 토지・인적자원을 결합하여 북측의 식량난을 해소한다는 계획이다. 또한 자연재해 방지를 위해 산림녹화・병충해 방제 등 남북한 공동대응을 추진하는 한편, 보건의료체계 개선과 관련해서 취약계층인 영유아와 임산부 지원사업을 체계적으로 추진하기 위한 당국 간 협력에 착수하기로 합의하였다.

정상회담 이후 합의사업을 이행하기 위한 제1차 남북총리회담에서 주요 사업에 대한 합의를 다시 한 번 확인했으며, 2007년 12월 '남북경제협력공동위원회' 제1차 회의에서 남과 북은 2007년 남북정상선언의 구체적 이행과 큰 틀에서의 남북한 공동번영 문제를 논의하고 사업의 추진방안을 보다 구체화한 내용의 합의서를 채택한 바 있다. 다음에서는 제2차 남북정상회담에서 합의된 협력사업들의 추진 여부와 방향에 대해서 검토한다.

(1) 투자환경 개선 합의 추진과제

2007년 정상회담에서 남과 북은 경제협력을 위한 투자를 장려하고 기반시설 확충과 자원개발을 적극 추진하며 민족내부협력사업의 특수성에 맞게 각종 우대조건과 특혜를 우선적으로 부여하기로 하였다. 개성공업지구 1단계 건설을 빠른 시일 안에 완공하고 2단계 개발에 착수하며 문산-봉동 간 철도 화물수송을 시작하고, 3통 문제(통행・통신・통관)를 비롯한 제반 제도적 보장조치를 조속히 완비해나가기로 하였다. 또한 남과 북은 경협사업을 원활히 추진하기 위해 현재의 '남북경제협력추진위원회'를 부총리급 '남북경제협력공동위원회'로 격상하기로 하였다. 이와 같은 합의는 제도적인 장애요인을 해결함으로써 남북경협의 도약을 위한 돌파구를 마련하는 기회가 될 것이며, 향후 북측 해당 기관이 제도개선을 추진할 수 있는 명분과 근거를 제시하게 될 것이다.

① 개성공단 기업환경 개선

무엇보다 정상회담과 총리급회담에서 합의된 개성공단의 3통 문제(통행·통신·통관)에 대한 개선조치가 최대한 신속하게 추진될 필요가 있으며, 향후에도 지속적인 협의를 통해 이를 해결하기 위한 제도개선을 일상화해나가야 한다.

먼저 통행과 관련해서는 궁극적으로 지정 통행 시간대를 폐지하고, RFID 시스템을 조기 가동하여 북측 통행수속을 수기식에서 전자식으로 전환하며, 휴무일도 축소하여 중·장기적으로는 '연중무휴·상시통행'이 실현되어야 할 것이다. 통신 부문은 합의된 바와 같이 인터넷 개통과 이동전화 사용이 가급적 조속히 이루어져야 하며, 통신공급 확대를 위한 사업자 간의 합의도 필요할 것이다. 통관 문제는 우리 측 통관절차를 간소화하는 것과 더불어 검수물량 증가에 따라 북측이 전수조사에서 서류검사 및 샘플링 조사 제도로 전환하도록 촉구할 필요가 있다. 사업 안정성을 확보하기 위해서는 3통 문제 이외에도 입주기업들이 요구하는 노무관리 자율권 강화, 임금직불 시행 문제의 해결과 상사분쟁해결제도, 청산결제, 열차운행 합의서 등 합의서상의 제도적 보장사항의 이행을 시급히 도모할 필요가 있다.

② 금강산 및 일반 남북경협 투자환경 개선

금강산 특구의 투자환경을 개성공단과 비슷한 수준으로 개선하는 한편, 진출 기업을 지원·보호할 '금강산관광지구 관리위원회'를 설립할 필요가 있다. 또한 개성공업지구의 관련 법제를 가능한 한 금강산에도 적용하도록 추진되어야 할 것이다. '남북상사중재위원회'를 조속히 가동하여 중재규정을 확정하고, 위원회를 정상 가동시켜 실질적인 분쟁해결 기능을 수행할 수 있도록 노력해야 한다.

남북한 당국의 법적·제도적 지원과 북측의 관심이 집중된 특구 및 기타 지역의 투자환경 격차가 크다는 점은 점차적으로 해소되어야 할 부분이다. 실제로 개성공단과 금강산 지역을 제외한 내륙지역 투자가 전반적으로 부진하며, 이는 주로 투자 여건의 차이에 기인한다. 특구지역은 대부분 단독 투자 형식으로 진출하여 사업추진의 자율성이 보장되지만, 기타 지역은 합영・합작형식으로 추진되어 경영참여가 제한적일 수밖에 없다.

북한의 인프라 건설을 지원할 때도 투자환경 개선을 최우선적으로 고려하면서 추진해야 하며, 개성-신의주 철도와 개성-평양 고속도로 공동이용을 위한 개보수사업도 해당 지역에 진출한 남한 기업의 물류 및 통행 불편을 해소하는 차원에서 접근할 필요가 있다.

(2) 교통, 물류 인프라 부문 합의 이행과제

2007년 남북정상회담에서는 철도, 도로, 항공, 해운 등 전 분야에 걸쳐 조기에 구체적인 이행이 가능한 사업부터 중기적인 투자가 필요한 사업까지 다양한 형태의 물류 인프라 관련 사업에 대한 합의가 도출되었다.

문산-봉동 간 27.3km 구간의 화물철도 운행 및 활용은 점차 증가하는 개성공단의 물동량을 처리하기 위한 필요성에 따라 합의되었다. 개성-신의주 철도와 개성-평양 고속도로 개보수사업의 경우는 단기적으로는 활용도가 크게 나타나지 않을 수 있으나 남북교역의 활성화, 서해안 공단 개발 지원, 중국 철도와의 연계에 의한 대륙수송로 확보 차원, 남북한 간 수도 연결에 따른 상징적 의미에 따라 제시되었다. 해주항 활용, 민간선박의 해주 직항로 통과 등에 대한 합의는 육로를 통한 개성공단뿐만 아니라 해로(직항로)를 통한 해주특구 개발에 집중함으로써 남북 거점의 산업단지 개발을 촉진할 수 있는 계기가 될 것으로 전망된다. 마지막으로 백두산-서울 직항로 개설은 남북 직항로를 통한 백두산관광사업의 추동력 확보 차원에서 의미가 있다.

각 사업별 특징과 사업의 추진을 위한 고려요인을 도출하기 위해서 먼저 각 분야의 전문가를 중심으로 개별 사업에 대한 기술적 · 재무적 세부 검토가 이루어질 필요가 있다. 다만 교통 및 물류사업을 추진하기 위해 공통적으로 다음과 같은 문제들이 검토되어야 한다.

첫째, 교통 및 물류 관련 합의사항들은 대부분이 군사적 보장조치가 선결되어야만 가능한 사업이다. 따라서 육상운송과 해상운송, 항공운송과 관련된 사항들은 남북한 국방장관회담에서 구체적인 군사적 신뢰구축 조치가 먼저 협의될 필요가 있다.

둘째, 정부의 경직된 의사결정체계, 정부예산의 한계성, 투자재원의 안정적인 조달 등을 감안할 때 민간의 적극적인 참여가 필요하다. 따라서 민간 기업이 북한 인프라 사업에 참여할 수 있는 북한 지역의 투자환경을 조성하기 위해 정부의 다양한 유인책이 마련되어야 하며, 인프라 건설은 물동량이나 여객수요 창출이 가능한 사업과 연계되어 기업의 적정 이윤을 보장할 수 있어야 한다.

셋째, 각 물류 인프라 구축사업들은 종합적인 로드맵에 의거하여 종합적이고 체계적으로 접근할 필요가 있다. 북한의 교통 인프라 구축사업에 대한 참여는 막대한 재원이 소요될 뿐만 아니라 투자재원을 회수하는 데도 많은 시간이 걸린다. 따라서 남북한 간의 산업 배치, 통과 도시 간의 연계, 배후 도시와의 적정성, 남북한 교통정책과의 조화, 지역개발과 산업에 대한 파급효과, 유사 투자사업 간의 중복성 배제, 교통수단 간의 효율적인 연계를 고려한 투자가 이루어져야 한다.

넷째, 물류 인프라 구축사업은 국내의 경우와 마찬가지로 사업 자체의 수익성보다는 연계된 산업단지 및 기타 사업에 대한 효율적인 지원 가능성 등에 따른 필요 차원에서 검토될 필요가 있다. 예를 들어 해주항 개발의 경우 사업 자체의 수익성은 낮더라도 해주특구 개발이 현실화될 경우 필연적으로 추진되어야 할 과제이므로, 특구 내에 기업이 입주하는 시점에 맞추어 사업계획이 수립되어야 한다. 경의선 철도 개보수의 경우도 개성공단 숙소건설 효과가 있고 평산이 TSR-TCR의 교차점이라는 점 등을 고려하여 개성-평산 구간을 우선 개보수하는 등 단계적인 계획을 수립하는 것이 필요하다.

(3) 개성공단 2단계 개발사업

2007년 5월 개성공단 1단계 개발사업이 종료됨에 따라 '10.4합의'에도 자연스럽게 2단계 개발에 대한 합의가 포함되었다. 현재 남측의 개발구상(총면적 200만 평, 공장구역 120만 평)에 따르면, 1단계 공장구역 개발사업과는 달리 공장구역, 생활구역, 상업구역, 관광구역 등이 섞여 있는 복합단지로 개발될 계획이다. 전체 개발대상 중 공장구역은 1단계 공장구역 개발사업과 마찬가지로 한국토지공사와 현대아산이 업무를 분담하는 형태로 공동사업으로 시행하고, 생활·상업·관광 구역은 현대아산 단독 사업으로 진행될 수 있을 것이다. 기본적으로 2단계의 경우 1단계에 비해 비교적 부가가치산업(기계·전기·전자 부품산업 등 기술집약형 산업) 위주로 기업을 유치하겠다는 계획이다. 이와 관련하여 지난 2007년 10월 4일 남북정상회담에서 2단계 개발 착수에 합의했으며, 같은 해 11월 16일 총리회담에서는 2008년 내에 착수하기로 합의한 바 있으나, 아직 구체적인 협의는 진행되지 못하고 있다.

무엇보다 개성공단 2단계 사업의 경우 이미 기초 인프라가 상당 부분 구축되어 있어 개발로 인한 추가부담이 크지 않으며, 시범단지 및 1단계 사업 등을 통해 충분한 검증기간을 거쳐왔기 때문에 향후 입주기업을 확보하는 어려움도 크지 않을 것으로 전망된다. 사업의 경제성을 검토하는 비용편익분석에서도 개성공단사업은 타당성이 있는 것으로 검토되고 있어 10.4합의 사업 중에서도 우선적으로 추진할 수 있는 사업이라고 판단된다. 다만, 2단계 사업의 구체화를 위해서는 먼저 경영 안정성 확보를 위한 제도적 보완장치, 북측 인력의 현실적인 조달 및 전력공급 방안 등에

〈그림 2-5〉 개성공단 2단계 개발계획

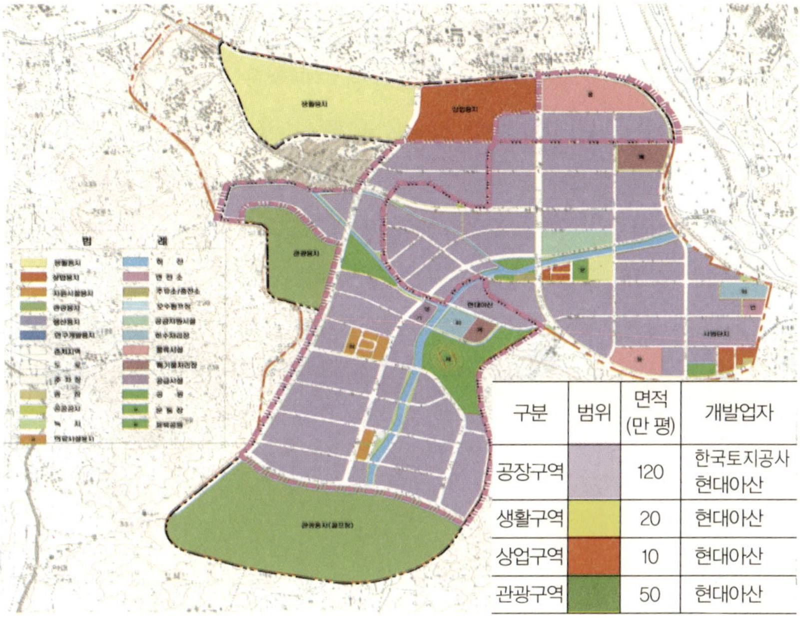

구분	범위	면적 (만 평)	개발업자
공장구역		120	한국토지공사 현대아산
생활구역		20	현대아산
상업구역		10	현대아산
관광구역		50	현대아산

자료: 한국토지공사.

대한 체계적인 검토가 필요하다. 특히 현재 개성공단 1단계 입주기업들은 인력조달에 어려움을 겪고 있는 것으로 나타나고 있어,[6] 1단계보다 확대된 공단의 규모 등을 고려할 때 현실성 있는 북측 인력조달 방안을 마련하는 것은 매우 중요한 과제이다. 개성 지역 내 부족한 인구 등을 고려할 때 현재로서는 근로자 숙소 건설, 철도 이용 등 외부인력을 유치하기 위한 기반시설을 구축할 필요가 있다. 그러나 이에 앞서 개성공단 내 인력조달의 필요성에 대한 북측의 인식을 높이고 협력에 대한 보증을 이끌어내기 위한 노력이 더욱 중요하다.

---

6. 2008년 8월 말 현재 인력부족률은 19.5%(수요 4만 1,000명, 공급 3만 3,000명, 부족 8,000명)이다.

전력공급 방안으로는 송전선로 건설을 통해 남한의 유휴전력을 공급하는 방안과 열병합발전소 건설을 통한 전력지원 방안을 검토해볼 수 있다. 초기투자비용은 상대적으로 송전선 건설방식이 적을 것이므로 경제성 면에서 비교우위를 가질 것으로 판단되나, 이 또한 먼저 남측의 충분한 유휴전력이 확보되어야 한다는 측면에서 신중한 사전검토가 필요하다.

마지막으로 입주 기업들의 경영 안정성 확보와 수익성 개선을 위해 정상회담에서 합의된 3통 문제를 시급히 해결하고 기타 정부 차원의 지원방안에 대해 추가적으로 검토하는 것이 필요하다. 물론 이를 위해서는 무엇보다 제도적 보완장치 마련에 대한 북측의 확고한 이행의지의 담보를 끌어내려는 노력이 중요하다.

(4) 경의선 철도개보수사업

경의선 철도개보수사업은 남북경협 확대와 직접적인 연관성이 있고, 상대적으로 상태가 양호한 노선으로 남북한의 실질적인 연계 운행이 가능하다는 측면에서 '10.4선언'을 통해 우선추진사업으로 합의된 바 있다. 현재 개보수 예정구간은 경의선(개성-신의주 간) 411.3km 구간으로, 각종 선로와 부대시설의 전면 개보수(교량 272개, 터널 20개, 역 63개)를 포함하는 대규모 교통 인프라 개선사업이 될 것이다.

개보수사업을 통해서 철도의 평균이동속도가 개선되어 향후 북한 내 여행객의 수송 편의성이 향상되고, 남북교역 및 남한과 중국, 남한과 유럽 간에 이루어지던 해상운송을 철도운송으로 대체함으로써 운송비를 절감하는 이익을 얻을 수 있다.

물론 국내의 경우와 같이 철도개보수사업이 단기적인 경제성은 다소 낮을 수도 있으나, 남북한 간의 철도 연결이라는 상징적 의미를 지니는 등 남북교류협력의 기반이 되는 중요한 협력사업이라는 점이 고려되어야 한다. 따라서 남북한 간의 긴장 완화를 통한 대외신용도 개선 효과, 북한 내

〈표 2-6〉 경의선 철도개보수사업 구간별 연장 길이 (단위: km)

구간	개성-문무리	문무리-평양	평양-고읍	고읍-신의주	합계
연장 길이	93.3	90.0	111.2	113.8	411.3

물류 흐름의 다양화, 효율성 개선으로 인한 남북경협에의 외부경제 효과 등 기타 요인들을 충분히 고려하여 개보수 시기와 폭을 결정할 필요가 있다. 다만 사업의 추진력을 확보하기 위해서 남북정상회담 등 주요 이벤트 개최 시 남북한 간의 재확인을 통해 단계적으로 진행하는 것이 효과적일 것이다.

(5) 개성-평양 고속도로 개보수사업

개성-평양 고속도로 개보수사업의 경우 서해안 공단 개발 지원과 남북한 간 수도 연결에 따른 정치적 상징 효과 등을 고려하여 경의선 철도개보수사업과 함께 '10.4선언'에서 물류 부문의 핵심추진사업으로 합의되었다. 이와 관련해 2007년 11월 28~29일 개성에서 남북한 실무접촉이 이루어졌으며, 2007년 12월 두 차례의 민관 합동 현지조사[7]가 이루어진 바 있다.

이 사업은 개성-평양 간 약 168km의 기존 4차로 고속도로를 개보수하는 것으로 77개 교량의 전면개량, 18개 터널 내 방수 및 시설 재설치, 기타 도로 포장을 포함하는 전면적인 개보수가 필요할 것으로 전망된다. 개성-평양 고속도로 개보수를 통해 차량이동속도가 개선되면 장기적으로 북한 내 관광객의 이동시간이 단축되고, 남북한 항공 이용객(평양행)이 고속도로 이용으로 전환함에 따라 운임이 절감되며, 남북한 간 해운 물동량이 도로운송으로 전환됨으로써 운송료가 절감되는 등의 효과를 기대할 수 있다.

7. 2007년 12월 11~13일, 21~27일.

〈그림 2-6〉 평양-개성 고속도로 개보수 대상 구간

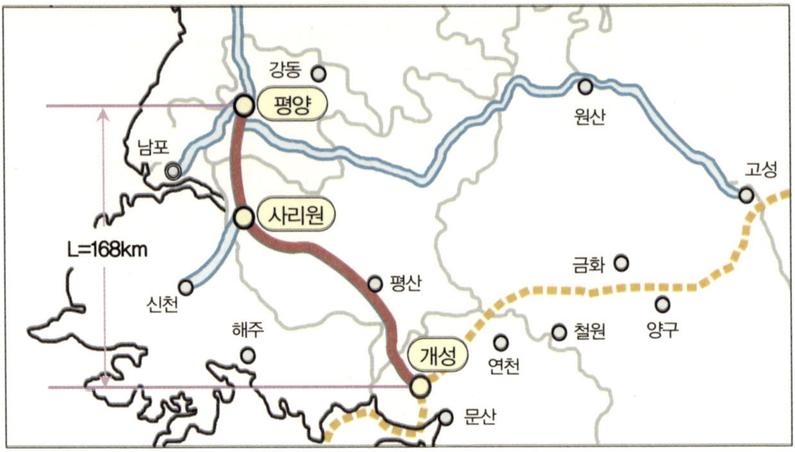

이 사업은 개보수 대상이 개성-평양 구간으로 한정되어 있다는 점에서 사업 자체의 경제성은 높지 않을 수 있다. 그러나 경의선 철도개보수사업과 마찬가지로 경제성이 낮더라도 남북교류 차원에서 매우 중요한 사업이기 때문에 남북관계와 안보적 상황 변화를 충분히 고려하여 추진할 필요가 있다. 한편 고속도로 개보수사업은 철도개보수사업에 비해 단기적인 활용가치가 높고 상대적으로 재정투입 규모도 적은 편이므로 우선적으로 추진하는 것을 검토해볼 수 있다.

(6) 해주특구(서해평화특구)개발사업

해주특구 개발을 포함한 서해평화특구에 대해 합의한 노무현 정부의 대북정책은 기본적으로 비군사적 분야에 대한 협력사업을 통해 군사적 긴장완화를 도모하겠다는 것이었다. 이러한 구상에 따라 그동안 민간 차원에서 제시되었던 한강 하구 골재채취사업과 정부 차원에서 추진하고자 했던 서해지역 NLL상 공동어로수역 지정, 군사분계선 이북지역의 대규모 농업협력 등 군사분계선 인근지역의 개발협력사업을 추진함으로써 안보상황의 개선을 도모해왔다. '10.4합의'에서의 서해평화협력특별지대는 이렇게 경제협력을 통해 평화를 정착시키겠다는 노무현 정부의 구상이 집대성된 것으로 평가할 수 있다. 그러나 이러한 구상에도 불구하고 제2차 남북정상회담에서 이루어진 해주특구에 대한 논의에서는 NLL에 대한 문제가 명확히 논의되지 않았다. 따라서 해주특구는 본래의 의도였던 서해에서의 경제협력을 통해 안보 문제, 즉 NLL 문제까지 해결하고자 했던 의도가 실행에 옮겨지지 못한 합의사업이라 할 수 있다.

해주특구의 경우 지리적 이점에도 불구하고 NLL 문제 등 남북한 간의 안보적 문제가 해결되지 않은 상황에서 이 사업을 추진하는 것은 바람직하지 않다. 개성공단개발사업이나 금강산관광사업에서도 볼 수 있듯이 순수한 경협사업이지만 안보적 문제가 사업을 중단시키는 여러 사례가 발생했고, 서해 지역의 경우 안보적 문제가 더욱 크게 대두될 수 있기 때문에 서해평화특구의 개발은 이러한 안보적 문제가 충분히 해결된 이후에 추진하는 것이 사업의 성공가능성을 높이는 일이라 하겠다. 따라서 개성공단 2단계 사업이 활성화되어 추가적인 입지 수요가 발생할 경우 해주특구개발사업을 시작하는 것이 올바른 방향이라고 판단된다.

향후 해주특구개발사업은 개성공단 2단계 개발사업과 연계되는 것이 바람직하다고 본다. 개성공단 2단계가 활성화되고, 이에 따라 해주특구가 개발된다면 개성공단 2단계 입주기업들은 부품, 부분품, 조립품 제조 중심, 해주공단은 완성품, 연구·개발, 물류 중심 기지로 상호 연계할 수 있을 것이다. 해주공단은 우선 개성공단 2단계에 입주하게 될 협력업체와 공장의 지원산업단지(물류센터 등)로 개발할 수 있을 것이며, 장기적으로는 개성-해주-남포를 잇는 '평화경제 산업벨트'의 단계적인 과정으로 해주공단을 설정하고, 해외 수출과 남북한 내수 모두를 겨냥하여 단계적으로 개발할 필요가 있다.

해주특구의 경우도 개성공단개발사업에서와 마찬가지로 노동력 확보에 노력을 기울일 필요가 있다. 통계상으로 해주는 노동력 확보, 물류 및 산업 인프라 측면에서 산업단지로 개발하는 데 유리한 여건을 보유하고 있다. 개성권역과 비교하여 노동력 공급조건이 양호하며, 해주시와 인근 군(19개)에 중앙공장, 기업소 및 지방공장, 기타 사업소가 정상 가동하고 있지 못해 유휴 노동력이 상당수 존재하며, 따라서 이들을 활용한 노동력 공급이 가능할 것으로 보인다. 또한 북한의 8개 무역항 가운데 하나인 해주항과 황해천년선, 옹진선 등의 철도와 도로시설도 비교적 잘 갖추어져 있다. 따라서 장기적으로 해주특구는 제조업 부문 보세가공지역, 석유제품, 화합물 및 화학제품 제조업 육성단지로 개발할 필요가 있다.

(7) 해주항 건설사업

서해평화협력특별지대 구축사업 중 하나로 제기된 해주항 개발사업을 통해 서해접경지역의 긴장완화, 남북한 간의 해상 물류 네트워크 구축, 해주경제특구 및 개성공단 물류환경 개선 효과 등이 기대된다. 기존 해주항만의 준설 및 개보수와 더불어 개성공단 2단계, 해주특구 등의 개발에 따른 물자반출을 위해서는 향후 항만의 추가적인 개발이 필요할 것으로 판단된다.

다만 해주항의 경우 개성공단과 해주항의 기업유치 규모 및 발생 물동량이 사업의 경제성을 결정하는 핵심요인으로, 물동량 유치 성과가 낮을 경우 경제성도 낮을 수밖에 없다. 그러나 해주특구의 개발이 확정될 경우에는 경제성 유무와 관계없이 추진되어야 하는 과제로서 사업추진의 결정에 있어 해주특구 및 개성공단과의 연계성이 충분히 고려되어야 한다. 또한 충분한 경제성을 담보하기 위해서는 해주경제특구와 개성공단의 활성화, 물동량 확보의 장애요인(NLL 문제 등 안보적 요인)을 제거하기 위한 노력이 핵심적인 과제이다.

(8) 조선협력단지 건설사업

조선협력단지 건설사업의 경우는 북한의 저렴한 인건비와 부지조성비와 같은 장점을 활용하여 국내 조선업계에 안정적인 선박블록을 공급하기 위해 구상된 사업으로 안변, 남포 등이 주요 대상지로 제시되었다. 특히 안변의 경우 조수간만의 차가 작고, 수심 및 부지 면적이 적정하여 동남해안권(울산, 거제) 대형 조선소와 연계한 광역 조선 산업 클러스터 형성이 가능하다고 판단된다. 반면 남포의 경우는 서해갑문 내부에 위치하여 출입 가능한 선박규모가 제한되어 있어(폭 33m, 5만 톤급 이하), 대형 조선소 설립이나 수리조선업에는 부적합한 것으로 판단된다. 따라서 영남 배수리공장 기존 부지와 설비를 활용하여 서남해안권 중형 조선소와 연계한 설비현대화, 기술협력사업, 블록공장 건설사업 등을 위주로 추진할 필요가 있다.

조선협력단지 개발사업의 경우 가장 중요한 이슈는 적정 임금수준의 설정과 적절한 전력공급 방안의 모색이다. 현재 조선사업을 추진하고자 하는 기업의 경우 개성공단의 노동자 임금보다 높은 수준으로 책정하고 있는 것으로 알려져 있다. 그러나 북측 노동자의 임금은 조선업의 특성(작업현장의 위험성, 작업의 강도 등)을 충분히 고려하되, 기타 특구 지역의 임금상승을 유발할 수 있으므로 급격한 인상은 지양할 필요가 있다. 따라서 개성공단 수준에 준하는 70달러 정도의 기본급에 인센티브를 부여하는 방안 등 차별적인 임금지급 방안을 검토할 필요가 있다.

또한 전력공급 방안의 경우 송전선을 통한 남한 유휴전력의 공급, 자체적인 발전기(디젤발전기) 운영을 통한 전력조달 방안을 고려해볼 수 있다. 송전선을 통한 전력공급 방안의 경우 초기투자비용은 비교적 클 것으로 예상되나, 전력구입비 등 운영에 필요한 비용은 적을 것이다. 반면 발전기 운영방식의 경우는 초기투자비용은 다소 낮지만 운영에 소요되는 비용(연료구입 비용)은 상대적으로 클 것으로 예상된다. 이렇게 비용적인 측면만을 고려할 때는 송전방식이 적합할 수 있으나, 발전기 운영방식의 경우 향후 사업의 확대에 따라 기존 설비(발전기)의 용도 변경이 용이하다는 장점이 있으므로, 장기적인 사업계획을 고려한 비용 검토가 필요하다.

(9) 한강 하구 공동이용사업(골재채취사업)

한강 하구 공동이용사업은 골재판매 수익, 수해예방, 군사적 긴장완화 등 남북한 모두에게 다목적 효과가 기대되는 사업으로, 그동안 장관급 회담과 남북경제협력추진위원회 등에서 당국 간에 이미 합의되었으나 군사적 보장 문제 때문에 이행이 지연되어오다가 남북한 정상 간에 추진하기로 합의함으로써 이행력이 확보되었다. 개발지역은 임진강 하구부, 한강 하구부, 강화도 연안부 등으로 총연장길이는 약 70km이고, 하폭은 1~9km이며, 총면적은 약 280km^{2}에 이르는데, 한국수자원공사 등의 조사에 따르면 골재 가채량은 약 10.8억 m^3 규모로 추정되고 있다.[8] 특히 현재 대상지역으로 거론되고 있는 3개 지역(임진강 하구부, 한강 하구부, 강화도 연안부) 중 임진강 하구부는 홍수피해 다발지역으로, 이 지역부터 골재채취사업을 진행할 경우 북한의 관심도 높을 것으로 기대된다.

다만, 사업의 수익성을 확보하기 위해서는 향후 북측과 협상을 할 때 골재채취에 따른 북측 지급비용을 최소화하는 노력이 필요하다. 현재 시행 중인 해주 모래채취사업에는 루베(m^3)당 2유로의 보상비가 지급되고 있으나, 한강 하구 모래채취는 접경지역에서 진행되는 사업이므로 북한 지역인 해주에서 모래를 채취·반입하는 경우에 비해 보상비를 낮추는 것은 크게 어렵지 않을 것으로 전망된다.

또한 현재의 제한된 정보만으로는 사업 추진의 타당성을 판단하는 데는 한계가 있으므로 정부 차원보다는 민간 차원에서 추진될 수 있도록 지원

8. 동 사업에 관심이 있는 기업의 추정 부존량은 약 32억 m^3(면적 320km^2) 규모이다.

〈그림 2-7〉 한강 하구 골재채취사업 위치도

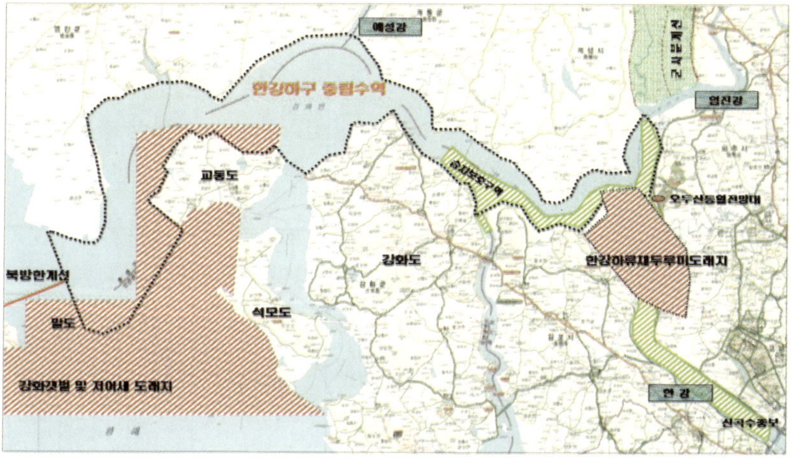

자료 : 한국수자원공사.

할 필요가 있다. 다만 사업을 추진함으로써 발생할 수 있는 환경 부문의 비용 요인에 대해서는 정부 차원에서 검토할 필요가 있다.

(10) 10.4합의 추진 방향

10.4합의는 남북한 정상 간의 합의를 통해 구체화된 사업이라는 측면에서 사업의 추진 여건이 비교적 충분히 확보된 것으로 판단된다. 그러나 현재 10.4합의에 대한 이명박 정부의 명확한 이행 의지는 확인되고 있지 않다. 향후 북핵 문제가 해결되는 과정에서 '비핵・개방・3000'이 실행에 옮겨지더라도 북한의 특성상 남북한 정상 간의 합의, 특히 김정일 위원장이 합의한 경협사업에 대해서는 실행을 집요하게 요구할 가능성이 높다. 북측이 모든 사업의 실행을 요구한다 하더라도 10.4합의 경제 분야 사업은 개성공단 2단계 개발사업, 해주특구개발사업, 해주항 개발사업, 한강 하구 공동이용사업(골재채취사업), 조선협력단지 건설사업, 개성-신의주 철도개보수사업, 개성-평양 고속도로 개보수사업 등으로 다양하지만 예산 문제뿐만

아니라 기타 정치·안보와 같은 복합적인 제약요인 때문에 사업을 동시에 추진하는 것은 사실상 어렵다. 따라서 10.4합의의 각 사업에 대한 이행 여부와 실행단계에 대해서 정부 차원에서 명확히 판단할 필요가 있다.

필자들이 10.4합의의 각 사업에 대한 비용편익분석을 시행한 결과[9] 한강 하구 공동이용사업(골재채취사업), 안변 조선협력단지 건설사업, 개성공단 2단계 개발사업의 비용편익비율이 1 이상이 됨으로써 경제성이 있는 것으로 평가되었고, 나머지 사업들은 경제적 타당성이 다소 낮은 것으로 평가되었다. 물론 남북협력사업의 추진 여부를 경제적 타당성만으로 결정하는 것에는 문제가 있을 수 있다. 특히 남북경협사업은 여타 공공사업과는 달리 정치·군사적 안보효과를 동시에 고려해서 추진해야만 한다. 그럼에도 경제적으로 타당성이 있고 정부의 재정적 부담이 낮은 사업부터 시작하는 것이 타당하다. 따라서 한강 하구 공동이용사업과 안변 조선협력단지 건설사업을 우선적으로 민간 차원에서 추진하는 것이 바람직하다. 개성공단 2단계 사업의 경우는 앞서 언급했듯이 1단계에서 나타난 문제점들을 충분히 해결하고, 특히 노동력 공급 부족 문제가 확실히 해결된다는 전제하에서 중·장기적으로 추진해야 할 사업이라고 판단된다.

또한 해주항 및 철도·고속도로 개보수 등 인프라 사업의 경우 국내의 사례를 통해서 볼 때 경제성은 높지 않을 것으로 예상되지만, 남북한 간의 물류체계 개선 등 향후 경협사업을 추진하기 위한 기초 인프라로서 파급효과가 클 것으로 기대되기 때문에 남북관계 등 정치적 상황을 고려하여 사업 시기와 방식에 대해 검토할 필요가 있다. 특히 개성-평양 간 고속도로 개보수사업과 경의선 철도개보수사업은 남북한 도로와 철도의 활용이라는 차원에서 경제적 효과뿐만 아니라 안보적 효과도 기대할 수 있는 사

9. 비용편익분석에서는 각 사업에 참여하고 있는 기업들과 실제 면담과 자료들을 근거하여 되도록 현실적인 자료를 확보하고자 노력했으며, 비용 추정에 있어서도 보수적 가정을 채택했고 할인율도 다양한 형태로 나누어 분석을 실시하였다.

업으로 향후 남북한 간의 상황변화에 따라 단계적인 합의를 거쳐 시행해야 할 것으로 판단된다.

2) 기타 분야별 협력사업의 추진 과제

(1) 에너지 부문

북한의 에너지 공급은 발전설비의 노후화, 외화부족, 탄광침수 등의 문제로 전체 수요의 약 50% 수준에 머무르고 있으며, 생산과 소비 모두 한계상황에 직면해 있다. 이에 따라 북한은 에너지 문제의 해결을 자체 경제회생과 남북경협의 핵심으로 인식하고 있으며, 각종 회담에서도 전력협력, 발전설비 개보수, 무연탄 지원, 경수로 건설 지연 보상 등의 요구를 지속적으로 해오고 있다. 그러나 북한이 겪고 있는 극심한 에너지난에도 불구하고 에너지 부문의 남북협력은 개성공단, 금강산관광지구의 에너지 공급사업과 일부 예외적인 소규모 지원 실적 등 대단히 제한적인 범위 내에서 이루어지고 있는 상황이다.

에너지 협력의 추진 방향은 단기적으로는 남북관계와 국제 정치역학적 관계개선 상황을 감안하여 새로운 협력사업을 적극적으로 확대하는 것보다는 남북한 간에 합의된 사업이 원활히 추진되도록 할 필요가 있다. 또한 교육 · 훈련 등 비실물 분야의 협력사업을 통해 남북한 에너지 부문 간의 교류를 촉진함으로써 다음 단계의 협력사업에 대한 기반을 조성하는 동시에, 시장경제식 상업에너지체제를 북한에 도입하기 위해 필요한 기반을 조성하고 중 · 장기적으로 자생력을 확보할 수 있도록 지원할 필요가 있다.

중 · 장기적으로는 남북경협활동을 원활히 추진하고 북한의 경제회복과 성장기반 구축을 지원하기 위한 에너지 협력사업의 개발 및 추진에 대한 검토가 필요하다. 또한 교육 · 훈련 등 비실물 분야의 협력사업을 폭넓게 확대할 필요가 있다.

다만 에너지 부문의 협력사업은 6자회담 등 국제적인 논의 경과에 따라 그 방향이 결정될 것이므로 현시점에서의 논의는 큰 의미가 없을 수 있다. 이하에서는 이와는 별도로 논의될 수 있는 남북한 혹은 남북한과 러시아 간의 협력사업을 중심으로 제시하였다.

① 석유정제설비 개보수사업

북한 내 석유수요의 빠른 증가 추세에 따라 현재 가동 중인 봉화화학공장(3.1만 b/d)만으로는 수급이 불가능하게 될 것으로 보이므로 2012년까지 적정 규모의 정제능력을 확보할 필요가 있다. 이를 위해서는 원유공급난으로 가동정지 상태에 있는 나진 · 선봉 지역의 승리화학공장(4.1만 b/d)에 대한 개보수사업의 추진을 고려해볼 수 있다. 이와 관련하여 2005년에 이미 북한과 러시아가 승리화학공장 개보수를 통한 석유정제 임가공 협력사업에 합의한 바 있으나 아직 추진 실적이 없는 상황이다. 그러므로 이를 활용하여 향후 러시아 등 제3국과의 협력체제 구축을 통한 사업추진을 동시에 검토할 수 있을 것이다. 또한 나진 지역의 경우 나진항을 중심으로 한 물류 여건 또한 충분한 경쟁력을 갖추고 있어 장기적인 활성화 측면에서도 유리한 조건을 갖추고 있다.

② 북한 에너지 전문가 교육 · 훈련사업

북한 에너지 부문의 정책과 기술기능을 강화하기 위해서는 반복적이고 광범위한 교육 · 훈련과 산업시찰 프로그램을 시행함으로써 북한 내에 서구식 에너지 시스템의 도입을 촉진하고 중 · 장기적인 자생능력을 확보할 수 있도록 지원할 필요가 있다. 초기에는 북한 에너지 정책 전문가를 교육 · 훈련하기 위해 다각적인 준비를 진행하는 기간으로 활용하여 향후 예상되는 교육과정의 교재를 개발하는 한편, 북한 에너지 당국과의 접촉을 통해 교육 · 훈련 프로그램 시행에 관한 합의를 도출하기 위해 노력해야 할 것이다. 또한 부처 간 협의를 통해 이를 남북경제협력위원회에 정식 안건으로 제안하는 방안을 검토할 필요가 있다.

이후 남북한 간의 합의를 통해 실질적인 교육이 진행되는 시점에는 교육을 통한 전문성의 제고와 동시에 서방식 에너지 시스템에 대한 소개 및 체험을 위주로 하는 프로그램을 시행할 수도 있을 것이다. 교육 형태는 남북한 간의 합의에 따라 크게 달라질 수 있으나, 남북관계가 여의치 않을 경우에는 한반도가 아닌 제3국으로 북한 전문가 그룹을 초청하는 방안, 국제기구 위탁교육 등의 방법을 활용할 수 있을 것이다.

남북관계가 크게 개선될 경우에는 남북한 전문가의 상호 방문이 모두 가능한 상황을 상정할 수 있으며, 이러한 상황에서는 교육의 형식도 다양해질 수 있고 교육 분야와 인원 등도 다각적으로 설계할 수 있어 남북한 양측의 정책의제에 따라서 사실상 거의 모든 형태의 교육·훈련 프로그램 구성과 시행이 가능한 상황이 될 수 있다. 그러므로 이 단계의 교육수준은 본격적인 실무교육 형태로 전개될 수 있을 것이며, 분야별 교육은 물론 석탄, 석유, 수력, 전력 등 에너지원별 정책전문가 교육 형태의 실무교육도 가능할 것이다.

③ 남북한과 러시아 합작의 시베리아 가스배관 건설사업

2008년 9월 29일 이명박 대통령은 메드베데프(Dmitry Medvedev) 러시아 대통령과의 정상회담에서 북한을 경유하는 가스배관을 통해 러시아의 천연가스(Pipeline Natural Gas: PNG) 도입을 추진하기로 합의하였다. 이와 함께 이날 한국가스공사와 러시아 국영 에너지회사인 가즈프롬(Gazprom)이 양국 정상이 참석한 가운데 천연가스 공급과 관련한 양해각서를 체결한 바 있다. 이는 2015년 이후 러시아 블라디보스토크로부터 연간 750만 톤의 천연가스를 30년에 걸쳐 도입하기 위한 방안으로, 블라디보스토크-북한-남한을 연결하는 가스배관을 건설해 육상으로 가스를 공급받는 방안을 우선적으로 추진한다는 계획이다.

본 사업은 러시아의 동부 통합가스개발계획(Unified Gas Supply System: UGSS)의 일환으로 동시베리아와 극동 지역의 천연가스 개발에 필요한 안정적인 수급처 확보 차원에서 제기되었으나, 북측 지역을 통과하는 대규모 인프라 건설사업이라는 점에서 북한에게 노동력 공급 대가 및 파이프라인 통과료 등으로 상당한 이득을 가져다줄 것으로 기대되고 있다.

그러나 현시점에서는 북한과의 합의가 전제되지 못한 상황이라는 것이 가장 큰 불안요인이다. 가스배관이 북한 지역을 통과하려면 북한의 동의가 필수적이고, 남북관계의 안정성과 신뢰성도 전제될 필요가 있기 때문이다. 이에 정부는 'PNG 사업의 북한 경유'가 무산될 것에 대비해 LNG선을 통해 남한에 들여오는 방안도 검토 중인 것으로 알려져 있다.

사업의 추진 가능성을 높이기 위해서는 특히 러시아의 역할이 중요한데, 러시아가 북한 당국과의 협의 등을 주도적으로 수행할 경우 비교적 용이하게 사업을 추진할 수 있을 것으로 판단된다. 이와 관련한 선행사례로서 현재 북한의 나진항 및 나진-핫산 철도개보수사업과 관련해 진행되고 있는 남북한과 러시아의 조인트 벤처(joint venture) 사업을 참고할 수 있다. 이 사업은 나진항과 철도 개발을 위해 3국이 공동주체로 참여하는 사업으로, 러시아철도공사가 중심이 되어 남한 내 컨소시엄[10]과 조인트 벤처를 형성하고 남한과 러시아의 합작기업이 다시 북한 측 파트너와 합영기업을 설립하게 되는데, 이 합영기업이 전체 사업의 주체가 된다. 이러한 방식으로 남한의 자본이 러시아를 거쳐 북한의 교통 인프라에 투자됨으로써 러시아와 북한이 설립한 물류회사의 경영에도 간접적으로 참여하게 되는 것이다. 물론 사업의 주도권을 러시아가 쥐고 있어 우리 기업의 이해관계를 충분히 반영하기에 어려움이 있다는 문제는 있으나, 러시아가 북

10. Glovis, 범한물류, 우진 글로벌 로지스틱스, 장금상선, 코레일로지스, 한루 등 6개 국내기업이 '(주) 루코 로지스틱스'라는 법인을 설립하였다.

측과의 협상을 주도함으로써 북한의 참여를 최대한 이끌어낼 수 있는 비교적 효과적인 방식이라고 판단된다.

가스배관건설사업은 효율성을 높이기 위해 남한과 러시아의 자본 · 기술 · 자재와 북한의 인력을 이용하여 추진할 수 있으며, 북한의 부족한 재원조달 여건을 감안하여 북한 측 참여지분은 개발권, 시설운영권 등 현물출자방식으로 조달할 필요가 있다.

(2) 지하자원 개발 부문

경제구조가 전반적으로 취약하여 활용 가능한 재원이 매우 제한적인 북한과의 협력에서, 비교적 풍부한 지하자원의 개발을 활용하는 협력 방식은 일찍부터 검토되고 시행되어왔다. 우리에게 있어서도 지하자원개발사업은 ① 안정적인 산업 원료광물의 공급원 확보, ② 남측 가공산업과 연계된 산업의 파급효과, ③ 중국 등 제3국의 북한 자원 개발 진출에 대비한 선점이라는 측면에서 상당한 가치를 지니는 사업으로 평가된다.

협력 현황을 보면 2000년까지의 지하자원 개발협력은 단순교역을 중심으로 관련 정보의 수집과 관심을 높이기 위한 활동 위주로 전개되었다. 이 기간 동안 정부의 역할은 민간기업의 관심을 높이고 지원하는 업무가 주축을 이루고 있었으며, 북한 광산물 물자전이 개최되고 남북자원교류협력협의회가 결성되었다. 이후 2001년 6월에는 대한광업진흥공사가 압동탄탈륨광산 개발과 관련해 북한의 조선민족경제협력연합회(민경련)와 '광물자원개발협력 합의서'를 체결하였고, 2003년 7월에는 정촌흑연광산 합작계약을 체결하는 등 일부 유망 사이트에 대한 개발 프로젝트가 협의되기 시작하였다. 2005년 10월에는 덕현철광산 한 · 중 공동투자사업 합영계약이 체결되어 중국 기업과의 합영을 통한 새로운 협력창구를 확보한 바 있다.

특히 2006년 6월 제12차 남북경제협력추진위원회에서는 '남북 경공업 및 지하자원개발 협력에 관한 합의서'를 채택하여, 경공업 및 지하자원 개발협력을 활성화하는 계기가 마련되었다. 이 합의에 기초하여 우리가 8,000만 달러 상당의 경공업 원자재(의류, 신발, 비누)를 현물로 제공하고,[11] 북한이 향후 지하자원개발 협력사업의 북한 몫의 광물, 지하자원 개발권, 생산물 처분권 등으로 대가를 상환하는 협력사업이 진행 중이다.

그러나 전반적으로 볼 때 북한 광물자원의 풍부한 개발 가능성에 비해서는 투자 여건 미비, 관련 정보의 부족, 남북관계의 불안정 등으로 아직 본격적인 협력개발은 전개되지 못하고 있다.

제18차 남북 장관급 회담(평양, 2006. 4. 21~24)에서 남한 정부는 북한 단천 지역에 대한 '민족공동자원개발특구'를 제안한 바 있다. 단천 지역은 마그네사이트, 아연, 인회석 등 25개의 다양한 광종이 부존하고 있고 33개 광산이 단천항에서 100km 이내에 밀집해 광업벨트를 형성하고 있다. 지역 내에 위치한 룡양광산은 약 7억 7,000만 톤에 달하는 세계 최대의 마그네사이트 매장량을 보유하고 있으며, 검덕광산은 동아시아 최대의 아연광산으로 총매장량이 2억 7,000만 톤에 이르는 것으로 알려져 있다.[12]

또한 2006년 6월 6일 12차 남북경제협력추진위원회에서 단천 지역 지하자원 개발협력에 관한 합의서를 채택한 이후 2007년 총 세 차례에 걸쳐 민관 합동 현지조사(1차 : 7. 28~8. 18, 2차 : 10. 20~11. 17, 3차 : 12. 19~26)를 실시하여 동 광산을 대상으로 사업추진 여건을 검토한 바 있다. 검토 대상으로는 원산에서 북동쪽으로 약 170km 거리에 있는 함남 단천 지역 3개 광산(검덕 · 룡양 · 대흥)과 김책항, 허천강발전소, 광산-단천 간 도로 · 철도 등 인프라가 포함되었으며, 이를 통해 구체적인 사업계획을 마련하여 투

---

11. 남북교류협력지원협회(http://www.sonosa.or.kr)에 따르면 2007년 7월 첫 항차(2007. 7. 25) 출항 이래, 제26항차(2008. 3. 31)를 끝으로 8,000만 달러 상당의 경공업 원자재를 북측에 인도하는 절차는 이미 완료되었다.

12. 남북교류협력지원협회(http://www.sonosa.or.kr).

자개발을 추진하겠다는 계획이다.

현시점에서는 무엇보다 기존에 합의된 단천 지역의 지하자원개발사업을 구체화하기 위한 검토가 우선되어야 하며, 이를 기반으로 협력대상을 점차 확대시켜 나갈 필요가 있다. 특히 최근 실시된 현지 조사 결과를 바탕으로 우선 각 광산 및 인프라 개발과 관련하여 다양한 대안별로 수익성을 검토하고, 보다 구체적으로 이행하기 위한 사업계획을 도출해야 할 것이다.

자원개발협력사업의 경우 사업의 경제성을 확보하기 위해서는 광산 자체의 개발보다도 전력, 철도, 항만(김책항) 등 관련 인프라 개발사업을 얼마나 효율적으로 진행할 수 있는가 하는 점이 중요하다. 따라서 개보수 등을 통해 기존 설비를 최대한 활용할 필요가 있으며, 주요 인프라 개발사업에 대한 북한의 적극적인 협력을 이끌어내기 위해서는 정부의 역할 또한 중요하다.

사업 방식에 관한 협상에서도 광산을 효율적으로 운영하고 생산성을 향상시키기 위해서는 남한이 경영에 참여하는 '합영방식'을 기본으로 하되 '지분 50% 확보'를 이끌어내야 하며, 사업의 안정성 확보 차원에서 개발권 등 현물출자방식을 통해 북한의 참여를 적극 유도할 필요가 있다.

단천 시범사업에 대해 남북한 간의 추가적인 협의가 완료되어 본격적인 시행·확대단계에 진입하게 되면, 중·장기적으로는 북한 전역의 유망 지역으로 특구를 확대 추진하는 것을 적극적으로 고려할 필요가 있다. 10대 전략 광종(아연광, 인광석, 마그네사이트, 석탄, 금광, 철광, 동광, 흑연, 몰리브덴광, 중석)을 중심으로 주요 광산별 조사사업을 시행하고 수익성을 검토하여 유망 광산별 개발협력사업을 단계적으로 추진해야 할 것이다. 이에 따라 철도, 도로, 항만, 전력 등 관련 인프라에 대한 연계투자도 검토되어야 하며, 투자의 범위와 규모를 확대하고 특별행정구역로 지정하기 위한 지속적인 외교적 노력도 전개되어야 한다.

(3) 관광협력 부문

북한은 금강산 및 개성 지역을 관광지로 개방하였고, 백두산관광 추진에 합의하는 등 관광업에 대해서도 비교적 높은 관심을 보여 왔다. 중국을 비롯해 일본, 대만, 홍콩 등의 외국인 관광객을 위해 평양, 개성, 묘향산, 나진·선봉 등지로의 패키지 여행상품이 판매되고 있다. 그러나 폐쇄적인 성향은 크게 바뀌지 않아서 외국인 관광객을 위한 관광업은 여전히 미미한 수준에 머물고 있으며 실적 또한 그리 많지 않다. 북한 여행상품은 가격이 비싸고 유흥오락 및 쇼핑 시설이 미비하기 때문에 외국인 관광객에게 매력적인 상품이 아니며, 현재 정상적으로 이루어지고 있는 관광업은 사실상 남한 주민을 대상으로 한 금강산관광이 유일하다.

북한 국내 수요를 위한 관광업은 앞으로 오랜 기간 동안 큰 의미를 갖지 못할 것이며, 소득수준이 지금의 몇 배 이상으로 향상되어야만 북한 주민의 관광 수요가 본격적으로 나타날 수 있을 것으로 예상된다. 그러나 외화획득을 위한 남한 주민과 외국인 관광객용 관광업은 발전 잠재력이 큰 것으로 평가되고 있다. 북한은 금강산, 백두산, 묘향산, 칠보산과 원산 명사십리 해수욕장 등 수려한 자연환경을 갖추고 있으며 고구려, 고려 시대의 문화유적도 잘 보존되어 있다. 더욱이 남북관계의 특수성으로 인해 남한 주민의 북한 관광에 대한 잠재적 수요도 매우 크다고 할 수 있다.

또한 중국 경제의 발전으로 중국인들의 소득수준이 급격히 향상되면서 해외관광에 대한 수요가 급증하고 있는 것도 긍정적인 요인으로 평가될 수 있다. 또한 오래전부터 해외관광 수요가 매우 큰 일본이 인접해 있다는 것도 역시 긍정적인 요인이다.

따라서 향후 북한의 대외관계가 정상화되고 관광지 개발이 본격화되면 관광업은 매우 비중 있는 부문으로 등장할 가능성이 높다. 관광업은 북한에게 수익성과 외화획득 효과가 매우 큰 부문으로서 경제회복에 크게 기여할 수도 있다. 이를 위해서는 효율적인 서비스 체제를 갖춰 관광요금을 낮추고 유흥오락과 쇼핑 등 연계 서비스업을 발전시키는 것이 관건이 될 것이다.

① 백두산관광사업

현대아산은 한국관광공사와 공동으로 백두산관광사업의 실시에 합의한 바 있으며, 이와는 별도로 통일부에서도 2005년 백두산관광을 위한 도로 개보수를 위해 50억 원 상당의 아스팔트용 피치를 지원한 바 있다. 북측이 2005년 10월 조선아시아태평양평화위원회 대변인 담화를 통해 '현대와의 사업 전면 재검토' 의사를 밝힘에 따라 사업추진이 불투명해졌다가, 2007년 정상회담에서 서울–백두산 직항로 개설을 통한 백두산관광사업 실시에 합의하였다.

먼저 시범사업을 통해 백두산관광특구 개발을 위한 현지 여건 조사 및 사업 수익성·타당성 검토를 실시해야 한다. 또한 한국관광공사와 북측 상대방 간의 협의에 따라 남북 직항로(인천–평양–삼지연)를 이용한 백두산 시범관광을 추진해야 할 것이다. 이러한 초기사업의 시행 결과를 바탕으로 점차 인천–삼지연 공항 정기항로 등을 이용해 백두산관광을 정례적으로 실시해야 한다. 본격적인 관광특구로 개발하기 위해서는 점차적으로 전력, 공항 등 기존 시설의 개보수와 숙박시설·관광도로의 건설을 통해 본격적인 백두산관광에 필요한 인프라를 구축하며, 삼지연 지구 등 백두산지구 관광리조트 개발을 위한 기반조성도 단계적으로 실시해나갈 필요가 있다.

② 칠보산관광사업

칠보산은 백두산, 금강산, 묘향산, 구월산과 함께 북한 5대 명산으로 꼽히는 등 관광지로서 향후 개발 가능성이 높은 것으로 평가되고 있다. 현대아산은 2000년 8월 백두산, 묘향산, 개성과 함께 칠보산을 관광지로 개발·운영하는 사업을 북측에 제의하여 합의를 도출한 바 있다. 또한 이와 관련하여 2001년에는 이미 문화성, 국토환경보호성, 청진 도시계획설계사무소, 국가체육지도위원회, 함북 · 평양 도시계획위원회가 참여한 칠보산 개발위원회가 구성되기도 했다.

칠보산은 지역 내에 관광 인프라와 위락 · 문화시설이 부족하다는 점에서 중 · 장기적인 개발전략을 수립하는 것이 필요하다. 먼저 시범관광을 실시하고 타당성을 조사한 다음 단계적으로 정례화와 관광시설 확충을 추진하며 평양, 금강산 등 기타 관광지구와의 연계관광을 추진할 수 있을 것이다. 칠보산관광은 특히 인천공항과 어랑공항 간의 남북직항로를 활용할 경우 접근성 개선으로 관광이 보다 용이해질 수 있으므로, 우선 어랑공항–칠보산 간의 해안도로(78km) 포장 등 관광접근로를 개선하고 관련 인프라를 확충해야 한다. 정부는 관광도로 포장과 어랑공항 등을 대상으로 한 시설확충작업에 남북협력기금을 지원하는 등의 방식으로 참여할 수 있을 것이다.

③ 단지 간 연계관광 추진

개별 지역에 대한 관광사업 외에도 기존에 논의된 바 있는 평양, 묘향산, 백두산 등 주요 관광지를 연계하여 북한 관광의 다양화와 입체화를 꾀함으로써, 향후 남북한 관광벨트화를 위한 기반을 조성할 필요가 있다. 이러한 각 관광단지별 연계관광의 활성화로 북한의 개혁 · 개방을 촉진할 수 있으며, 개성–평양 간 육로관광 추진 등 다양한 접근로를 확보하기 위한 북한 지역 내 관광 인프라 구축사업의 추진이 가능할 것이다.

또한 더 나아가 국제적인 관광상품에 대해서도 검토할 필요가 있다. 예를 들어 후쿠오카–부산–속초–칠보산–나진 · 선봉–훈춘으로 연결되는 백두산관광 코스, 금강산–함흥–백두산 코스 등 동부지역 관광 코스와 남포–평양–묘향산–백두산 코스 등 서부지역을 연결하는 관광 코스 등 연계된 관광 코스의 개발도 장기적인 관점에서 검토해볼 수 있다.

(4) 교통 인프라 부문

현재 북한의 물류업은 여객수송보다는 화물수송에, 대외수송보다는 대내수송에, 도로수송보다는 철도수송에 지나치게 편중되어 있는 불균형적인 구조를 보이고 있다. 특히 화물수송의 경우 철도가 80% 이상을 담당하고 있으며, 여객수송의 경우에도 철도와 도로의 비율은 6 대 4 정도로 철도의 역할이 막중하다.

그런데 1990년대 경제난 이후 북한에서는 극심한 수송의 어려움이 발생하였으며, 이 같은 상황이 장기간 지속되고 있다. 대부분의 물류를 담당하고 있는 철도의 경우 극심한 전기 부족과 철도설비의 노후화로 큰 어려움을 겪고 있으나, 이를 해결하기 위한 새로운 투자는 거의 이루어지지 않고 있다. 도로수송의 경우에도 1990년대 이후 석유 수입의 급감, 자동차 부품의 부족과 정비 불량으로 큰 어려움을 겪고 있다.

그럼에도 북한의 물류업은 물류 인프라에 대한 투자자금만 확보할 수 있다면 급속히 발전할 수 있는 잠재력을 가지고 있는 것으로 평가되고 있다. 일단 현재 북한 내 수송수요도 제대로 감당하지 못하고 있어, 물류 인프라에 대한 수요 부족은 염려할 필요가 없다. 또한 남한, 중국 등과의 경제교류가 지속적으로 확대되고 있고, 개혁 · 개방이 확대될 경우 국제무역을 위한 수송수요가 급증할 가능성이 있다. 특히 현재 철도 중심으로 편중되어 있는 기형적 구조를 시정하는 과정에서 도로 운수업이 더욱 급속히 발전할 수 있을 것으로 기대된다. 더구나 물류업에는 고도의 기술이 필요한 것은 아니므로, 북한의 낙후된 기술수준이 물류업을 발전시키는데 큰 장애가 되지는 않을 것이다. 철도 시스템의 효율적 운영과 철도시설 정비 · 보수 등에 필요한 기본적인 기술을 남한 등으로부터 지원을 받아 어렵지 않게 확보할 수 있다는 점 또한 큰 장점이다.

① TKR-TSR 연계를 위한 철도현대화사업

2000년 9월에 경의선 철도 연결공사가 착공된 이후 2002년 말에 남측 구간 공사가 완료되었고, 북측 구간도 2006년 5월에 완료되었다. 이처럼 남북한 교통망 연결사업은 물리적인 1차 연결사업은 종료되었고 향후 북한과의 열차 시험운행에 이어 상업운행이 이루어지면 본격적인 철도수송이 가능할 것이다.

앞으로 북한 교통체계의 한계를 단기적으로 해소하여 한반도 국토 공간의 균형성과 기능적 연계성을 확보하기 위해서는 경의선 연결사업을 계기로 기타 철도시설의 노후화, 교통 운영의 비효율화, 만성적인 수송난 극복을 위한 긴급 복구를 추진할 필요가 있다. 이후 긴급 복구 → 현대화 → 전면 재시공의 순서로 북한 내 교통 인프라 정비를 단계적으로 추진해야 할 것이다.

철도현대화사업과 관련해서는 우선 현재 연결되어 있는 경의선과 동해선의 정기운행이 가능하도록 추진하고, 이것이 가능할 때 남북경협 지원을 위한 구간에 대한 북측 철도구간의 현대화에 착수해야 할 것이다.

10.4선언에서 합의된 경의선 철도의 개보수와 현대화를 우선적으로 추진하고, 북한의 수출입에 핵심적 항구인 남포항과 평양 간 수송 확대에 대비하여 단계적으로 평남선의 개보수를 추진할 필요가 있다. 또한 철도부문의 효과적인 협력을 위해서는 궁극적으로 남북한의 신호체계를 통일하는 작업도 동시에 추진해야 한다.

남북한 간의 철도연결은 남북협력 차원에서도 중요한데, 무엇보다 TSR-TCR과의 연결을 통해서 그 가치가 극대화될 수 있다. 따라서 남북한 간 철도연결사업과 동시에 대륙철도와의 연결을 위한 협의 또한 지속적으로 추진해야 한다. 이를 위해서는 이해 당사자인 중국 · 러시아와 공동으로 연결 철도 개보수 및 국제철도 운행에 대한 협의기구 구성을 추진할 필요가 있다. 또한 남북한과 러시아의 3자 철도전문가회의를 통해 TKR-TSR

연결 문제를 지속적으로 논의하고, 협의체 간의 논의를 통해 TKR-TCR · TSR 연결을 추진할 수 있을 것이다.

② 남포항 및 동해축 거점 항만(나진, 청진), 자원 반출 항만(김책) 개발사업

향후 북한 내 산업단지 개발의 확대를 고려할 때 물자 반출을 위한 항만의 중요성도 지속적으로 확대될 것이다. 그러나 북한 항만의 대부분은 물동량의 급속한 확대를 소화할 수 있을 만큼의 양호한 기반 여건을 보유하고 있지 못하기 때문에 각 산업단지 조성계획에 맞추어 항만을 개보수하고 확대하는 방안이 마련될 필요가 있다. 중점대상은 남북경협과 국제복합운송에 활용할 수 있는 서해의 남포항, 동해의 나진항, 청진항, 홍남항, 김책항 등이다.

무엇보다 남포항은 평양의 관문 역할을 하는 북한 최대의 무역항으로 대동강은 다른 갑문(미림, 성천, 봉화갑문 등)을 통한 내륙 수운의 거점이기도 하다. 더불어 1990년대 이후 남북교역이 늘어나면서 남북한 화물의 반출입항과 인도적 물자 반입항으로의 역할 또한 크다. 따라서 남포항은 평양과 남포산업단지와의 연계성 강화, 남북경협의 물류비 절감 효과 측면에서 컨테이너 부두 건설지원 등을 통해 무역항으로 발전할 수 있는 가능성이 높은 것으로 평가된다. 따라서 점차적으로 컨테이너 부두에 필요한 하역장비를 설치하고 배후 야적장을 개축하는 등 부두의 현대화를 도모하고, 향후 물동량이 증가할 것에 대비하여 선석 추가건설과 현대화, 운영시설의 배치를 검토할 필요가 있다.

나진항과 청진항은 일본의 동해지역, 극동 러시아 지역과의 해상항로를 이미 확보하고 있으며 중국 지린성[吉林省]의 최근거리 항만, 두만강개발사업의 거점지역, 국제복합운송의 기 종점항이라는 측면에서 유리한 조건을 보유하고 있다. 특히 나진항 현대화사업의 경우는 동북 3성의 물동량이 늘고 러시아 극동지방의 물류처리능력이 포화상태에 도달함에 따라 중국과 러시아의 관심이 높은 상황이다. 현재 남북한과 러시아의 3자 간 컨소시엄 형태로 추진 중인 나진항 현대화 및 나진-핫산 간 철도현대화사업은 북한과 러시아 간에는 협력협정이 체결되었으며, 남측 컨소시엄과 러시아 철도회사 간에 양해각서가 체결된 상태로 사업추진방식에 대한 세부적인 협의가 진행 중이다.

흥남항은 북한 중화학공업지구의 출구로 풍부한 노동력과 기초기술 확보가 가능하며, 김책항은 단천 지역 지하자원의 반출항이라는 측면에서 활용가치가 높다. 특히 최근 북한 단천 지역에 대한 지하자원 개발이 남북한 공동으로 추진되면서 김책항은 이와 관련한 거점항만으로 부상하고 있다. 현재 김책항에는 지브크레인 6기(5톤×4기, 3톤×2기)가 설치되어 운영 중이나, 설치된 지 40여 년이 지나 노후화가 상당히 진행된 상태다. 향후 자원개발이 본격화될 경우를 대비하여 크레인 개보수, 하역장 확장, 항만 안벽 확충 등을 순차적으로 진행할 필요가 있다.

③ 남북한 교통 및 물류 표준화를 위한 협력사업

남북한은 60여 년 동안 상호 이질적인 시스템 아래서 교통 및 물류 시설을 건설하고 운영해왔기 때문에 이는 향후 남북경협 활성화에 장애요인으로 꼽히고 있다. 따라서 남북한 간의 교통 및 물류 표준화를 위한 노력이 단계적으로 진행할 필요가 있으며, 이를 위해 남북한 전문가의 교류 확대와 공동 연구를 진행할 필요가 있다. 우선 관련 자료의 교환과 공동 관심사에 대한 공감대를 형성하는 과정을 거친 후 철도 등 특정 분야에 대한 표준화 시범사업을 추진하고, 이를 도로·항만·항공 분야로 확대하는 방식으로 진행해야 할 것이다. 또한 이와 관련하여 전문가의 교류와 북측 관계자에 대한 교육·훈련도 병행할 필요가 있다.

④ 남북한 정기 항공로 개설사업

남북한 간의 항공교통은 도로, 철도 등 다른 수단에 비해 비교적 쉽게 개설할 수 있다. 따라서 비교적 합의가 용이한 항공로 개설과 이에 따른 남북한 간 항공교통관제의 협력, 그리고 통신시설의 정비·확충이 우선적으로 요구된다.

먼저 순안공항과 삼지연공항의 개보수와 서울-원산, 백두산 간 정기운항을 추진할 수 있다. 단, 남북한 간의 항공협정(합의서) 체결 이전에는 전세편 운항을 적극 허용하되, 정기 운항은 협정 체결 이후 항공수요 등을 감안하여 추진할 수 있다. 전세기 형태의 부정기 운항을 활성화하여 정기성 부정기 형태로 운영할 수 있을 것이며, 무엇보다 낙후된 공항시설, 특히 활주로와 유도로의 보수, 수하물 시스템의 개선 등 기존 시설을 보완하는 것이 필요하다. 남북한 정기 항로를 개설한 이후에는 남북한 항공사의 공동 운항을 추진하고, 운행 항공사의 수익 일부를 북한 공항시설 확충에 투자하는 방식으로 지속적인 개발이 가능할 것이다.

(5) 농림업 부문

현재 북한의 농업 부문은 총체적인 문제를 안고 있으며 이를 단적으로 보여주는 것이 바로 지속적인 식량난이다. 북한의 식량생산량은 1995년에 급격히 하락하여, 1995년부터 1997년까지 3년간 북한의 식량난은 최고조에 달하였으며, 1996년 이래 10년간 북한은 만성적인 식량난을 겪고 있다. 2000년대에 들어서는 북한의 식량생산이 완만한 회복세를 보이고 있으나 식량부족현상이 해결될 수 있을지는 아직 불확실하다. 2005년에는 10년 만에 처음으로 437만 톤(두류 제외)을 생산했으나 상업적 수입과 국제사회의 지원 감소로 부족량은 여전히 136만 톤에 달하고 있다. 그럼에도 국제사회의 지원은 최소소요량 충족에 맞추어져 있어 북한의 식량생산이 최소소요량 이상으로 늘어날 때까지는 당분간 식량부족현상이 지속될 수밖에 없을 것이다.

북한의 농업생산 침체의 요인으로는 농업기자재와 비료공급의 부족, 농지의 열악한 수리·관개 상황, 노동력에만 의존하는 후진적 농업구조, 각 지역의 특성과 유통 여건을 무시한 식량생산 위주의 중앙농업생산계획 등이 지적되고 있다.

북한 내 농업경쟁력은 상당히 낮은 수준이지만 한편으로 북한 내 비교우위를 활용할 수 있는 부분도 있다. 일단 북한 농업의 국제경쟁력은 기본적으로 남한과 비슷하여 곡물과 축산 부문의 국제경쟁력은 낮지만 채소, 과수, 특용작물, 낙농 부문의 경우 대체적으로 국내시장에서 경쟁력 유지가 가능할 것이다. 또한 상대적으로 서늘한 고원지대가 많이 분포하여 종자생산과 초지축산 등에 유리하며, 집단적 농장경영구조, 옥수수 등 곡물재배농지의 대규모 전용, 개발 초기의 낮은 농지가격 등의 요인에 의해 대규모 주산단지의 신규 조성에 유리한 것으로 평가되고 있다. 더불어 중국 동북지방과 러시아 연해주의 소득수준 향상에 따라 육로를 이용한 농산물과 농산가공품의 수출 활성화 효과도 기대할 수 있다.

① 시범영농단지 조성협력사업

영농협력과 관련하여 우선적으로 개성 등 특구 주변에 접근성이 좋은 협동농장을 선정, 시범영농단지를 조성하여 운영하는 방안을 검토해볼 수 있다. 이러한 영농단지에서는 벼, 감자, 옥수수, 맥류 등 식량작물과 식자재 작물 등을 전시포와 함께 시범단지를 조성하여 운영할 수 있다.

먼저 시범적으로 식량작물재배단지, 작목별 전시포장, 축산시범단지(염소, 양돈, 양잠, 양계 등)를 조성하여 운영하고, 2~3년에 걸친 시범운영 성과에 따라 점차적으로 그 규모와 범위를 확대하는 방안을 검토할 수 있을 것이다. 또한 이와 관련해 정부나 공사 산하에 '농업협력단'(가칭)을 구성하여 추진하는 것도 고려해볼 수 있다. 이 경우 초기에는 농촌진흥청, 산림청, 농업기반공사, 유통공사, 연구기관 및 관련 단체로 구성된 T/F팀을 발족하여 시행하다가, 시범영농단지 구조개선 협력사업 추진 이후에는 정식 기구를 발족하여 협력을 주도하게 된다.

② 시범영농단지 구조개선사업

북한의 특구(개성, 금강산관광지구)가 가지고 있는 '시장'을 매개로 기존에 조성된 시범영농단지의 자활능력을 높이기 위한 지원사업의 추진도 병행할 필요가 있다. 이는 효과적인 협력사업의 지원을 위해 대외경제협력기금을 차관지원 형식으로 하는 북한 특구 농업금융기능을 조성하여 특구 내에 농자재공급소와 농산물센터를 설치하여 운영하는 형태의 사업이다.

시범영농단지에 대한 농자재 공급은 조성된 농업금융 지원을 통해 추진할 수 있으며, 특구에 남한이 운영하는 농자재공급소를 설치하고 남한이 제공하는 차관의 신용대출을 통해 농자재를 공급하는 방식으로 추진할 수 있다. 또한 시범영농단지와 인근 농장에서 생산된 농산물이 특구 역내로 유통될 수 있도록 소규모 농산물센터를 설치하는 한편, 시범영농단지의 추진주체인 농업협력단을 확대 · 개편하여 추진하고 농업협력단 및 참여기관의 업무분담과 연락 · 협력체계를 구축할 필요가 있다.

③ 토지개량 및 농자재 지원사업

장기적으로 북한의 식량난을 해결하기 위해서는 다수확 종자의 개발과 보급, 비료 등 농자재의 증가투자, 경종방법 개선, 재해관리 등을 통해 식량생산을 증대할 수 있는 근본적인 방안이 필요하다.

이 가운데 다수확 종자의 개발과 보급은 북한 농업과학원의 개발 · 보급체계를 개편하고, 남한과 종자협력을 함으로써 추진할 수 있다. 남한에서 개발된 우량품종을 도입하고 전국에 분포한 국영농장 농지를 활용하여 점차적으로 종자 생산 및 보급 체계를 구축해나가야 할 것이다.

토양개량과 농자재의 적절한 공급지원 또한 북한 농업의 생산성 개선을 위해서 필요한 핵심 과제 가운데 하나이다. 우선 유기비료, 석회비료, 퇴비 등의 공급을 확대하여 척박해진 토양을 개량하는 한편 경운기, 탈곡기, 양수기 등 소형 농기계를 집중적으로 보급하여 계절에 따라 필요한 농작업이 적기에 이루어질 수 있도록 지원할 필요가 있다.

④ 인력 및 기술 교류사업

사회주의 경제체제 아래서 오랫동안 폐쇄상태를 유지해온 북한은 시장경제에 관한 이해가 부족하며, 또한 농업복구개발사업 추진 과정에서 국제사회와 의사소통을 담당할 전문인력이 양적으로 부족할 뿐만 아니라 국제적 표준에 입각해서 볼 때 전문인력의 준비 상태도 미흡하다. 이는 개혁·개방에 대한 북한 당국의 소극적 자세 못지않게 국제사회의 적극적 지원을 유인하는 데 장애요소로 작용하고 있다. 이러한 상황을 개선하기 위해 초기 난계의 농업협력사업은 실질적인 교육·훈련의 장으로 기능할 필요가 있으며, 이를 위해 농업 분야 전문가 및 학술 교류사업과 기술교육훈련사업, 기술교류협력사업 등이 지속적으로 실시될 필요가 있다.

우선시행이 가능한 방안은 NGO 등 대북지원 민간단체의 사업과 연계한 기술교류, 농림업기술 관련 전문서적과 자료 교환의 추진 등이다. 북한 농업시찰단 또는 농업연수단을 초청하여 남한의 주요 농업생산지역, 유통·물류 시설, 가공업체, 수출업체, 농촌진흥청, 국립산림과학원의 방문·연수 기회를 제공하는 등 교류협력의 기회를 확대해야 할 것이다. 이후 교류환경의 개선 추이에 따라 농림업 교류협력 남북한 전문기관 간, 대학 간 자매결연과 기술교류협정을 통해 고유 농산물 품종 및 유전자원 교류, 농업기술 전문가 교환, 농업기술 관련 연구소 상호 분소 설치, 농업 관련 대학 커리큘럼 상호 교환 등 교류사업의 정례화를 도모할 수 있을 것이다. 더불어 농업행정 서비스와 농업정책 관련 정보 교환 등 인력 및 기술교류를 질적 · 양적으로 점차 확대해나갈 필요가 있다.

⑤ 산림녹화사업

1990년대 중반 이후 계속된 북한의 집중호우 및 가뭄에 의한 농작물 생산저하의 심각성이 부각되면서 북한 산림의 황폐화 문제도 주목을 받기 시작하였다. 농업 생산성을 향상시키기 위해서는 단순히 농업 부문의 기반과 구조를 개선하려는 노력뿐만 아니라 황폐화된 산림의 복구를 통해 홍수와 가뭄에 따른 농경지 유실과 생산성 감소를 최소화하는 노력이 필요하다는 데 의견이 모아지고 있다(오정수, 2007).

현 상황에서는 금강산과 임진강유역 등 접경지역을 중심으로 한 산림황폐화 개선사업을 단계적으로 검토할 필요가 있다. 먼저 금강산 지역 내 산림복구를 위한 구체적 협력사업으로는 금강산 지역 산림 병충해 방제사업의 지원, 양묘장(100ha 규모) 조성 지원 등을 들 수 있다. 병충해 방제사업 지원에 따른 솔잎혹파리 방제는 산림자원을 보호함으로써 백두대간 환경보전에 기여할 수 있고, 양묘장 조성 지원을 통해서는 북한 내에서 묘목을 생산함으로써 조림시기에 맞게 묘목을 공급할 수 있을 것으로 기대된다.

그 밖에 남한 숲 가꾸기 사업의 부산물을 북한 지역 가정용 연료로 지원하는 방안, 임진강유역 산림복구사업을 추진하는 방안 등이 있다. 남한의 연료지원은 연료공급을 통해 북한 지역 내 임산 연료 채취에 따른 산림황폐 방지 측면에서, 임진강유역 산림 황폐지 복구는 임진강 범람으로 인한 피해를 줄이는 측면에서 긍정적인 파급 효과가 기대된다.

(6) 제조업 부문

북한의 일반교역과 위탁가공교역 부문은 정치적 상황 변화 등에 따라 부침을 겪기는 했으나 지속적인 성장추세를 유지해오고 있다. 특히 남북한 위탁가공교역은 남한에서 원부자재의 전부 또는 일부를 북한으로 반

〈그림 2-8〉 남북한 위탁가공교역 추이

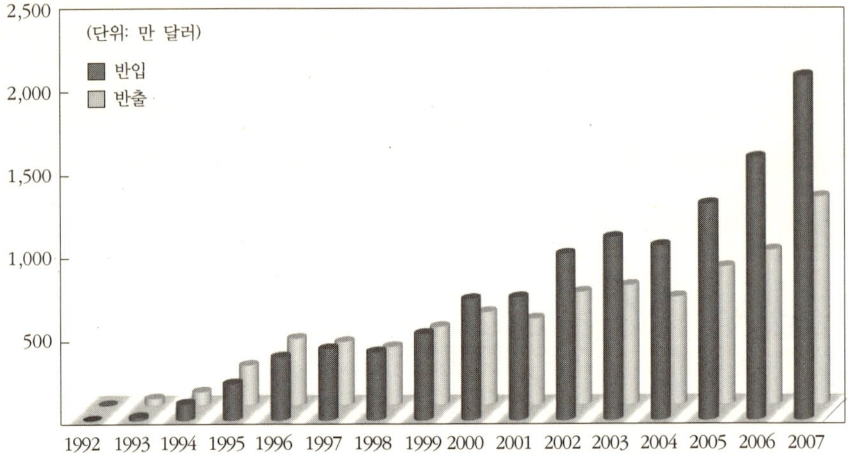

자료 : 한국무역협회(KITA), 「남북교역동향」.

출하여 가공한 후 국내에 재반입하고 북측 거래 상대방에게 일정액의 가공임을 지급하는 형태의 교역으로, 1992년에 처음 시작된 이래 대체로 증가 추세가 지속되어왔다.

물론 남한 경제의 규모에 비해 남북교역의 기여도는 미미한 수준이지만 북한 경제의 회복과 산업재건에는 상당히 기여한 것으로 평가되고 있다. 그럼에도 북한의 낙후된 경제상황과 남북한 간의 특수성에 의한 추가비용 발생 때문에 수익성 있는 사업기회는 많지 않으며, 일반교역 참여업체 중에서 지속적으로 사업을 추진하고 있는 기업도 드물다. 해상운송, 적은 물동량, 북측 항만설비 문제 등으로 인해 물류비가 높고 시간이 많이 소요된다는 문제와 남측 기술자의 현지 상주가 허용되지 않아 기술지도 및 품질관리가 어렵다는 문제 또한 기업들의 부담을 가중시키는 요인으로 작용하고 있다.

① 노동집약적 업종의 수출산업화 지원

주요 국가들의 발전 사례를 통해서 볼 때 현 단계에서 북한이 높은 성장을 이루고 산업화의 기반을 갖추기 위해서는 노동집약적 경공업, 특히 의류 산업을 수출전략산업으로 육성하는 것이 필요하다. 북한의 취약한 생산기반시설 수준을 고려할 때 의류 및 원부자재 공장의 신규 건설과 시설 현대화, 원자재 공급, 기술지원, 인력훈련, 해외 마케팅 지원 등 종합적인 육성 프로그램을 통해 북한 의류 산업의 생산기반 확충을 지원할 필요가 있다.

특히 의류공장이 상대적으로 많이 입지해 있고, 에너지와 노동력 등의 공급이 상대적으로 유리한 평양·남포 지역을 중점 대상으로 하되, 먼저 현지 실사를 통해 생산에 바로 투입될 수 있는 공장과 개보수가 필요한 공장을 확인하고, 부족한 설비는 추가로 건설해야 할 것이다.

또한 생산에 필요한 원부자재 중 북한 내에서 생산이 가능한 부분과 남한 등을 통해 공급해야 할 부분을 산출하여 공급계획을 수립하고, 필요한 에너지 중 자체적으로 공급이 부족한 부분에 대해서는 소규모 발전소 건설을 포함한 공급 방안을 마련할 필요가 있다. 관련 노동력에 대한 훈련과 기술지도 등은 원칙적으로 공장이 입지할 평양·남포 지역에서 하되, 여의치 않을 경우에는 개성공단을 활용할 수도 있다.

이후 생산되는 제품에 대해서는 기본적으로 북한 내수용으로 사용하되, 일부는 KOTRA 등 남한의 해외시장 개척역량을 활용하여 수출을 모색하거나 남한으로 반출할 수 있을 것이다.

② 주요 산업단지의 추가 개발

향후 남북협력을 확대하고 북한의 성장동력을 확보하기 위해서는 중·장기적으로 개성공단 이외의 추가적인 대외개방 특구나 산업단지를 개발하는 것이 필요하다. 추가개발 대상지역은 비교적 산업 인프라가 잘 갖추어져 있는 기존 공업지역 인근을 위주로 검토하되, 지역별 입지 여건 등을 고려해 각 산업별 중점육성 대상지역을 선정하여 단계적으로 개발해야 한다.

기존 연구[13]에 따르면 추가적인 경제특구 대상지역은 북한의 기존 9개 공업지구 중에서도 기반시설, 노동력 공급, 관련 산업의 입지 등에서 유리한 평양·남포 지역이 가장 바람직한 것으로 나타났다. 또한 그 외에 신의주, 안주, 청진 등도 산업단지로서 양호한 여건을 보유하고 있다.

또한 대체로 서해축을 구성하고 있는 개성-평양·남포-신의주 등은 경공업에 유리한 입지조건을, 동해축을 구성하고 있는 원산-청진-나진·선봉 등은 중공업에 유리한 입지 여건을 보유하는 것으로 분석되고 있다. 따라서 단기적으로는 서해축을 중심으로 경공업 부문의 수출산업화 전략을 도모하며, 단계적으로 동해축 개발을 통해 중공업 부문을 육성하는 전략적 접근이 필요하다. 특히 평양·남포 지역은 산업 전반에 걸쳐 유리한 조건을 가지고 있어 중·단기적으로는 섬유·의복 등 경공업과 전기·전자 산업 가운데 노동집약적인 분야를 중심으로 남북한 산업협력을 추진하고, 장기적으로는 중화학공업에 속하는 업종들을 유치하는 것도 고려할 수 있다.

신의주의 경우는 중국과 인접해 있고, 압록강의 용수와 전력, 풍부한 노동력을 활용하여 중국의 동북부 지역을 대상으로 한 생산단지로 육성할 수 있을 것이며, TKR-TCR 연계 효과를 고려한 물류 집적지로 개발하는 것도 고려해볼 수 있다.

동해축에서 가장 양호한 입지를 보유하고 있는 것으로 나타난 청진 지역의 경우 철강, 기계, 석유화학, 조선 산업 등 중화학공업 부문을 집중적으로 육성하기에 적절한 입지적 여건을 보유하고 있다. 더불어 최근 중국, 러시아, 일본의 물류를 처리하는 국제 중계항으로 나진항의 개발 가능성

---

13. 이영선·이태정·정형곤(2003).

〈그림 2-9〉 북한 9개 공업지구별 중심도시와 개성의 30km 버퍼

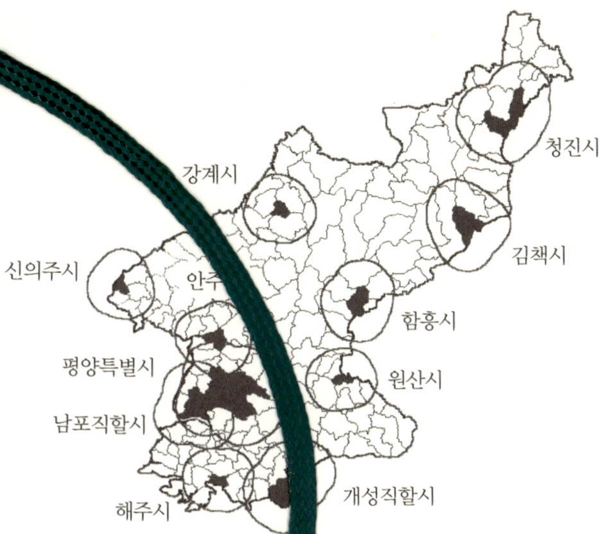

〈표 2-7〉 북한 9개 공업지구별 중심도시와 개성의 입지 여건 4단계 평가

공업지구 중심도시	토지	노동력	노동력 숙련도	철도 및 도로	항만	에너지	전력	용수
신의주시	2	3	1	4	1	1	3	4
안주시	[illegible]	3	1	3	1	2	2	4
평양 · 남포시	3	4	3	4	4	4	4	4
해주시	4	3	3	2	2	3	3	2
개성시	1	3	3	3	1	2	3	2
원산시	1	2	4	3	2	3	3	2
함흥시	3	3	2	2	3	3	2	3
김책시	1	1	2	2	1	2	2	3
청진시	3	2	2	3	4	4	2	4
강계시	1	2	2	1	1	1	3	2

주: 양호도를 각각 4단계로 상대평가하여 양호한 곳에 높은 값을 부여하였다.
자료: 이영선 · 이태정 · 정형곤(2003).

이 대두되고 있어, 이를 기반으로 나진·선봉 지역을 물류중심지로 개발하는 데 적극 참여할 필요가 있다.

③ 기술 및 인적 교류

북한 경제의 자생력을 확보하기 위해서는 단순 지원이나 상호 분업구조를 형성하는 데 그치는 것이 아니라 기술이전과 교육, 인력양성 등의 사업도 체계적이고 지속적으로 추진할 필요가 있다. 이를 위해서는 먼저 기술교류 관련 협력기구를 설립하여 교육사업의 체계화를 도모할 필요가 있다.

먼저 개성공단 진출기업의 인력훈련 수요와 관련 의견을 수렴하여 기업의 필요에 부응하는 기술교육을 실시할 수 있도록 세부적인 조직과 교육프로그램을 마련하는 것이 중요하다. 이후 개성공단 내 시행성과를 바탕으로 기타 지역에서 위탁가공 또는 합작사업 형식으로 남측과 협력하고 있는 북측 기업의 근로자를 대상으로 사업을 단계적으로 확대해나가야 할 것이다. 또한 교육대상은 일반 생산직 근로자뿐만 아니라 생산라인에서 지도적인 업무를 담당할 기술·기능 인력을 양성하기 위한 교육·훈련을 실시할 필요가 있으며, 나아가 북한의 경제운영에서 지도적 역할을 수행하는 정부 및 기업 관리자를 대상으로도 국제무역과 기업경영 등 '시장경제교육'을 할 필요가 있다.

제 3 장

한반도 경제공동체 형성을 위한 남북경협의 기본 방향

1. 한반도 경제공동체 형성과 남북경협

2. 남북한 산업구조와 인적자원 현황

3. 남북한 분업 및 협업 구조의 설계

4. 정부와 민간, 국제기구의 역할에 대한 원칙

1. 한반도 경제공동체 형성과 남북경협

이 장에서는 한반도 경제공동체 형성에 바람직한 남북한 간의 산업구조와 이를 형성하기 위한 남북한 간의 분업 및 협업 구조라는 기본 문제를 다룬다. 남북한의 경제적 통합 단계를 '한반도 경제공동체'라고 명명하기로 하는데, 이러한 경제적 통합 단계에 이르기까지는 많은 정치적·외교적·군사적·경제적 선행조건들이 만족되어야 한다. 제4장에서는 이러한 맥락에서 북한의 제도개혁 방향과 전망을 다룰 것이다. 이 장에서는 선행조건이나 다른 제약요인에 대한 고려 없이, 남북한의 현재 산업구조와 인적자원만을 고려한 경우에 바람직한 남북한 간의 분업 및 협업 구조를 논의한다. 이와 같은 바람직한 남북한 간의 분업 및 협업 구조에 대한 연구는 남북경협과 통합의 지향점을 제시할 수 있으며, 역설적으로 이러한 지향점을 달성하기 위해 해결되어야 할 선행조건을 검토하는 출발점이 될 수 있을 것이다.

2. 남북한 산업구조와 인적자원 현황

바람직한 남북한 간의 분업 및 협업 구조에 대한 논의에 앞서 남북한의

〈표 3-1〉 남북한 명목 GNI의 규모 비교

연도	북한						남한	
	공식 통계		한국은행 추정치		UN 추정치		한국은행 추정치	
	GDP (억 달러)	1인당 GDP (달러)	GNI (억 달러)	1인당 GNI (달러)	GNI (억 달러)	1인당 GNI (달러)	GNI (억 달러)	1인당 GNI (달러)
2003		524	184	818	110	470	6,086	12,717
2004	111.6	546	208	914	111	472	6,824	14,206
2005			242	1,056	130	548	7,901	16,413
2006			256	1,108	137	577	8,887	18,401
2007			267	1,152	147	617	9,713	20,045

자료 : 북한 공식 통계는 이석(2007), UN 추정치는 UN 통계국(http://unstats.un.org) 참조.

산업구조와 인적자원 현황을 먼저 살펴보기로 한다.

남한의 명목 GNI는 2004년 현재 6,842억 달러이고 1인당 GNI는 1만 4,206달러이다. 이에 반해 북한의 GNI와 1인당 GNI에 대한 정확한 자료를 구하기는 어려운 실정이다. 〈표 3-1〉에서 볼 수 있듯이 북한의 GNI에 대한 자료로 북한 당국의 공식 통계, 한국은행 추정치, UN 추정치 등이 존재한다. 따라서 2004년 현재 북한의 GNI는 약 111억 달러에서 208억 달러 사이로 추정되며, 1인당 GNI는 472달러에서 914달러 사이로 추정된다.

한국은행의 자료에 따르면, 2007년 현재 북한의 주력산업은 농림어업과 정부 부문이라고 할 수 있다. 〈표 3-2〉에서 볼 수 있듯이, 북한의 GDP에서 농림어업과 정부 부문이 차지하는 비중은 각각 21.2%와 24.0%이며, 제조업의 비중은 20.0%이다. 이에 반해 남한의 경우 2007년 현재 GDP에서 제조업이 차지하는 비중이 27.9%이고, 농림어업과 정부 부문의 비중은 각각 3.0%와 10.3%에 불과하다. 또한 남한은 정부 부문을 제외한 서비스 부문의 비중이 47.3%로 가장 크지만, 북한의 경우 상응하는 서비스 부문은 10.1%에 불과하다.

북한의 산업별 고용인원에 대한 자료는 없지만, 농림어업과 정부 부문

〈표 3-2〉 남북한 주요 산업의 GDP 대비 비중 (단위 : 명목 기준, %)

연도	북한			남한	
	2005	2006	2007	2006	2007
농림어업	25.0	23.3	21.2	3.3	3.0
광공업	28.9	29.6	31.3	28.3	28.3
광업	9.9	10.2	11.4	0.3	0.4
제조업 (경공업) (중화학공업)	19.0 (6.7) (12.4)	19.5 (6.7) (12.8)	20.0 (6.5) (13.5)	28.0 (5.0) (23.0)	27.9 (4.7) (23.2)
전기 · 가스 · 수도업	4.3	4.5	4.6	2.3	2.3
건설업	9.6	9.0	8.8	9.0	8.9
서비스업 (정부) (기타)	32.2 (22.6) (9.6)	33.6 (23.7) (9.8)	34.1 (24.0) (10.1)	57.1 (10.4) (46.7)	57.6 (10.3) (47.3)
GDP	100.0	100.0	100.0	100.0	100.0

자료 : 한국은행, 2008년 6월 18일 공보(2008-6-26호).

이 북한의 GDP에서 차지하는 비중과 광공업에 비해 1인당 매출액이 낮음을 감안한다면, 북한 노동력의 대부분을 농림어업과 (군과 같은) 정부 부문에서 흡수하고 있음을 추론해볼 수 있다.

한편 매출액을 기준으로 볼 때 2007년 현재 남한의 10대 주력 제조업은 자동차, 조선, 일반기계, 철강, 석유화학, 섬유, 통신기기, 가전, 컴퓨터, 반도체 등이다(산업연구원, 2007). 1991년부터 2005년까지 이들 10대 주력산업의 매출액 추이를 살펴보면 통신기기와 반도체, 전자부품 산업과 같은 IT 산업의 성장이 두드러졌음을 알 수 있다(〈표 3-3〉 참조).

남한의 경우 기업들의 해외투자도 활발히 이루어지고 있는데, 한국수출입은행의 업종별 해외투자 현황에 의하면, 2007년 9월 말 현재 제조업이 전체 해외투자액의 46%를 차지하고 있다(〈표 3-4〉 참조).

〈표 3-3〉 남한 10대 주력산업의 매출액 추이

(단위 : 백만 원)

연도	자동차	조선	일반기계	철강	석유화학	섬유	가전	통신기기	컴퓨터	반도체 및 전자부품
1991	17,745,997	4,372,836	12,644,110	13,791,537	7,540,621	16,192,389	14,216,312	2,421,019	1,485,854	7,104,224
1992	20,248,773	5,887,570	14,200,274	14,735,772	9,772,235	17,675,702	14,833,069	2,861,252	1,576,276	7,933,739
1993	23,457,427	5,918,061	15,894,669	16,917,007	9,960,403	19,824,326	16,281,217	2,727,629	3,087,347	11,325,177
1994	28,788,727	7,534,843	19,740,907	19,234,063	12,265,711	21,480,836	18,774,292	4,176,478	3,720,556	15,192,683
1995	35,089,516	9,199,091	26,714,673	22,875,681	16,274,526	24,247,673	20,552,865	4,627,686	5,263,691	25,436,964
1996	40,855,066	10,538,723	30,251,683	24,602,326	16,735,680	24,549,930	20,412,873	6,502,984	6,117,763	25,208,273
1997	44,181,398	13,740,927	30,710,225	26,221,380	20,423,330	26,312,935	14,255,431	11,866,155	13,312,502	25,278,352
1998	32,786,716	15,732,468	22,352,400	29,622,892	24,652,055	28,172,051	11,387,060	13,821,581	13,029,317	33,495,096
1999	45,769,216	15,600,809	27,634,912	29,255,638	25,187,484	29,459,998	12,017,231	18,050,079	18,734,037	38,929,045
2000	53,888,857	16,053,604	35,904,573	33,075,214	31,035,435	30,667,382	14,970,006	23,759,386	26,348,597	48,592,166
2001	62,302,334	19,391,045	36,976,757	33,226,386	30,889,356	30,093,745	16,322,668	26,746,907	24,027,999	40,307,330
2002	70,414,984	20,827,311	40,794,763	36,618,323	32,646,730	30,500,704	18,368,510	33,351,164	23,038,402	48,266,488
2003	74,904,060	22,303,305	45,952,093	42,103,597	36,408,505	28,833,228	18,341,816	36,089,027	20,264,352	59,043,071
2004	88,064,044	25,757,018	55,322,826	58,610,390	46,977,251	27,280,025	25,870,187	39,901,504	12,122,896	80,893,063
2005	97,782,570	30,037,755	60,235,782	62,775,656	49,118,549	25,825,201	23,814,565	45,106,931	7,959,972	82,517,018

자료 : 산업연구원 산업통계(http://www.istans.or.kr).

〈표 3-4〉 남한의 업종 대분류별 해외투자 현황(2007. 9)

업종 대분류	신고 건수 (건)	신규 법인 수 (개)	신고 금액 (천 달러)	투자 건수 (건)	투자 금액 (천 달러)	투자 비율 (%)
농업 및 임업	102	47	111,807	241	68,195	1
어업	13	9	5,946	27	5,056	0
광업	137	48	2,009,708	504	1,352,333	12
제조업	3,932	1,722	5,833,536	8,002	5,095,991	46
전기, 가스 및 수도 사업	19	11	147,121	25	105,557	1
건설업	446	226	1,263,202	776	738,787	7
도매 및 소매업	1,225	786	1,138,796	1,807	872,960	8
숙박 및 음식점업	559	389	317,189	879	242,599	2
운수업	209	105	351,888	275	291,977	3
통신업	56	31	134,140	65	97,145	1
금융 및 보험업	34	27	145,855	36	113,837	1
부동산 및 임대업	597	252	2,273,968	843	993,794	9
사업 서비스업	601	329	864,645	802	664,940	6
공공행정, 국방 및 사회보장행정	2	2	450	2	450	0
교육 서비스업	89	60	63,989	169	41,276	0
보건 및 사회복지 사업	20	14	19,372	53	15,080	0
오락, 문화 및 운동 관련 서비스업	193	103	338,502	397	194,982	2
기타 공공, 수리 및 개인 서비스업	233	178	75,924	355	61,292	1
가사 서비스업	0	0	0	4	5,148	0
합계	8,467	4,339	15,096,038	15,262	10,961,397	100

자료 : 한국수출입은행(http://www.koreaexim.go.kr).

〈표 3-5〉 남북한 인구 구성의 변화 추이

연도	총인구(천 명)		15세 이상 인구(천 명)		경제활동인구(천 명)		경제활동참가율(%)	
	남한	북한	남한	북한	남한	북한	남한	북한
1990	42,869	20,221	30,887	14,847	18,539	9,873	60.0	66.5
1991	43,296	20,495	31,535	15,040	19,109	10,197	60.6	67.8
1992	43,748	20,798	32,020	15,190	19,499	10,390	60.9	68.4
1993	44,195	21,123	32,526	15,425	19,806	10,582	60.9	68.6
1994	44,642	21,353	33,046	15,611	20,353	10,803	61.6	69.2
1995	45,093	21,543	33,659	15,781	20,845	11,015	61.9	69.8
1996	45,525	21,684	34,274	15,907	21,288	11,055	62.1	69.5
1997	45,954	21,810	34,851	16,052	21,782	11,092	62.5	69.1
1998	46,287	21,942	35,347	16,190	21,428	11,203	60.6	69.2
1999	46,617	22,082	35,757	16,379	21,666	11,367	60.6	69.4
2000	47,008	22,175	36,186	16,574	22,134	11,548	61.2	69.7
2001	47,357	22,253	36,579	16,741	22,471	11,685	61.4	69.8
2002	47,622	22,369	36,963	16,926	22,921	11,797	62.0	69.7
2003	47,859	22,522	37,340	-	22,957	-	61.5	-
2004	48,039	22,709	37,717	-	23,417	-	62.1	-
2005	48,138	22,928	38,300	-	23,743	-	62.0	-

자료 : 통계청 국가통계포털(http://www.kosis.kr).

통계청의 추계에 의하면 2007년 현재 남한의 인구는 약 4,850만 명이며, 이 가운데 15세 이상 54세 이하 인구수는 약 3,050만 명으로 전체 인구의 63%에 해당한다. 그러나 2020년에는 15세 이상 54세 이하 인구수는 약 2,770만으로 추정되는데, 이는 전체 인구의 56%에 해당된다. 따라서 고령화와 저출산 등으로 인해 남한의 15세 이상 54세 이하 인구수는 2007년과 2020년 사이에 약 280만 명 정도가 감소하고, 상대적인 총인구에서 차지하는 비중도 약 7% 감소할 것으로 추정해볼 수 있다.

통일부 자료에 의하면 북한의 인구는 2005년 현재 약 2,292만 8,000명이며 15세 이상 인구는 2002년 현재 약 1,700만 명인데, 이는 2002년 남한 해당 인구의 46% 정도에 불과하다(〈표 3-5〉 참조). 현재 북한의 인구와 인구구조에 대한 정확한 통계는 부재한 상태인데, 2002년 UN에 제출된 북한의 공식 인구 자료에 의하면, 2000년 현재 북한의 인구는 약 2,296만 3,000명으로, 통일부 통계인 2,217만 5,000명보다 7만 9,000명 정도 많은 수치이다.[1]

남한 인구의 고령화와 저출산에 대한 예상과 기업들의 활발한 해외투자 추이를 감안할 때, 향후 남한의 노동집약적인 산업들이 국외로 이전되어 갈 개연성이 높음을 추론할 수 있다. 한편 북한의 인구 및 인구 구성 추이는 가용 정보가 불충분하여 예측하기 매우 어려운 실정이지만, 남한의 과거 경험에 비추어볼 때 북한 인구 추이는 향후 북한의 경제성장률에 의해 상당한 영향을 받을 것임을 추론할 수 있다.

3. 남북한 분업 및 협업 구조의 설계

1) 바람직한 남북한 분업 및 협업 구조의 기준

대북 투자 및 지원이 가능한 업종 선별에 대한 대표적인 기존 연구로는 박태호(2000), 신동천(2004), 이영선 · 이태정 · 정형곤(2003), 이석기(2005) 등을 들 수 있다.

1. 한편 북한 노동력의 질에 대한 연구들은 교육제도, 작업규율, 노동생산성 등에 대한 논의를 바탕으로 북한의 노동력이 비교적 양질이라고 평가하기도 한다(조동호, 2000). 그러나 실제로 노동의 질과 훈련 정도에 대한 평가는 현재 가용한 자료를 통해서는 불가능할 수 있으며, 북한의 노동력의 질에 대한 연구도 추후에 심도 있게 이루어질 필요가 있다.

박태호(2000)의 연구에서는 북한 투자위험도, 남한 경제에 미치는 파급효과, 국가안보 등의 기준에 의해 금속, 기계, 조선, 자동차, 전기·전자, 화학, 건자재, 섬유, 제지, 음식료품 등의 산업별로 단기, 중기, 장기적으로 어떤 업종이 북한에 진출하는 것이 바람직한지를 분석하였다. 그러나 이 연구는 업종 선별의 구체성과 어떤 산업을 단기 또는 중·장기적으로 집중적으로 육성하는 것이 바람직한지에 대한 전략적 고려가 결여되어 있다는 한계를 지닌다.

신동천(2004)의 연구는 30억 달러 또는 50억 달러를 북한에 투자할 경우 어떤 산업에 투자하는 것이 북한의 GDP를 가장 많이 증가시킬 수 있는지를 북한의 투입산출표에 근거해 분석하였다. 이 연구는 북한의 GDP를 신속히 증대시키기 위해서는 경공업이나 서비스업보다도 광업, 화학공업, 금속제품과 기계류 분야에 투자를 집중해야 한다고 결론내리고 있다. 그러나 이 연구에서 활용된 북한의 투입산출표의 계수 추정치에 대한 신빙성은 확인되지 않고 있다.

이영선·이태정·정형곤(2003)의 연구는 노동집약도, 평균공정자산 규모, 해외투자 빈도, 해외투자 평균규모, 남북한 기술수준 격차, 단순비숙련도 등의 6개의 지표를 사용해서 대북직접투자 유망업종의 순위를 결정하였는데, 2003년 현재 북한 진출이 유망한 업종으로 봉제의복 및 모피제품 제조업, 가죽·가방 및 신발 제조업, 가구 및 기타 제품 제조업, 기타 전기·기계 및 전기변환장치 제조업, 재생용 가공원료 생산업, 목재 및 나무제품 제조업(가구 제외), 의료·정밀·광학기기 및 시계 제조업 등을 제시하였다. 그러나 이 연구는 단기적 대북투자 유망업종에 치중하고 있다는 한계를 지닌다.

이석기(2005)의 연구에서는 전후방 연쇄효과, 경쟁력 확보를 위한 생산요소, 산업기반의 정도, 기술수준 등을 고려한 북한의 전략산업을 선정하였는데, 수출주력산업으로서 섬유 산업과 전기·전자 산업을, 현대화 대상산업으로 금속 산업과 기계 산업을, 그리고 첨단기술 산업으로는 소프트웨어 산업을 선정하였다. 그러나 이 연구는 업종 선별의 구체성을 결여하고 있으며, 남한 산업과의 분업 및 협업 구조라는 전략적 측면을 고려하지 않았다는 한계를 가진다.

바람직한 한반도 경제공동체 형성을 위해서는 남북한 분업 및 협업 구조의 설계라는 측면에서 대북 투자 및 지원이 남북한의 경제성장에 미칠 중·장기적 효과를 동시에 고려할 필요가 있다. 본 연구에서는 남북한의 경제성장에 미칠 중·장기적 효과를 동시에 고려한다는 의미로, 남한의 경우 중·장기적으로 역외로 생산시설을 이전할 산업들 중에서 (일정한 투자 환경의 조성을 가정할 경우에) 북한에 투자하는 것이 유망한 산업들을 선정한다. 이때 남한이나 국제사회로부터 쉽게 이전 가능한 생산요소와 북한 내부에서 조달되어야 할 생산요소에 대한 고려가 필요하다. 이 경우 자본재와 경영기법 등은 이전 가능한 생산요소라고 볼 수 있으나 노동력은 이전 가능한 요소라고 보기 어렵다. 따라서 북한에 투자가 유망한 산업으로, 중·장기적으로 역외로 생산시설을 이전할 산업들 중에서 부가가치 자본생산성이 높은 산업들을 선정하기로 한다.

북한의 경제성장을 본격적으로 유도하기 위한 경제공동체 형성 전략을 채택할 경우에는 남한의 한계산업 이전에 초점을 두는 근시안적인 접근에서 벗어나, 남한의 주력산업 중에서 이전이 바람직한 산업을 선정하는 중·장기적인 전략적 접근이 필요하다. 또한 북한 경제가 성장할수록, 제2절에서 살펴본 것처럼, 현재 북한의 노동력 대부분을 흡수하고 있는 농림어업과 (군과 같은) 정부 부문의 인력이 제조업 부문으로 이동할 것으로 예상되며, 경제가 성장할수록 급격한 인구 증가가 예상되므로 자본투입당 필요 노동 투입이 큰 산업을 육성하는 것이 바람직하다. 특히 중기적 관점에서 대졸 이상의 노동력이 필요한 산업을 육성하는 것은 현실성이 없으며, 고졸 숙련공이 중요한 산업을 선정하는 것이 필요하다.

따라서 바람직한 한반도 경제공동체 형성을 위한 북한산업육성정책의 기준으로 다음의 네 가지를 제시할 수 있다. 즉 ① 현재 남한의 주력산업으로, ② 중 · 장기적으로 생산기지의 역외 이전이 이루어질 산업 중에서, ③ 부가가치 자본생산성이 높고, ④ 고졸 숙련공 위주의 노동집약적 산업을 선정하기로 한다. 2007년 현재 남한의 10대 주력산업인 자동차, 조선, 일반기계, 철강, 석유화학, 섬유, 통신기기, 가전, 컴퓨터, 반도체 등을 대상으로, 나머지 세 가지 조건에서 모두 상위 5위권에 드는 산업을 한반도 경제공동체 형성을 위한 북한산업육성정책의 대상 산업으로 선정하기로 한다. 이렇게 대상 산업을 선정하는 것은, 제4절에서 논의되듯이, 남북한 정부와 국제사회가 일정한 투자 환경을 조성한다고 가정할 때 남한의 기업들이 자발적 선택으로 북한에 유치하고자 하는 산업을 추론하고, 이에 따른 정책적인 함의를 도출하기 위함이다.

2) 대북 투자 및 육성 대상 산업의 선별

(1) 중 · 장기적으로 생산기지의 역외 이전이 이루어질 산업

먼저, 남한의 대중국 직접투자와 해외직접투자 추이를 통해 중 · 장기적으로 생산기지를 역외로 이전할 가능성이 높은 산업을 살펴보기로 한다.

2004년 현재 남한의 대중국 직접투자에서 가장 높은 비중을 차지하고 있는 것은 전자 산업이다. 한편 1994년과 비교해볼 때 기계 · 금속 · 수송장비(자동차) · 석유화학 산업의 대중국 직접투자 비중이 크게 증가하였다(〈그림 3-1〉과 〈그림 3-2〉 참조). 그러나 대중국 직접투자 비중이 급증한 이러한 산업들은 대부분 중국 내수시장에서 판매하고 있으며, 중국의 중화학공업화가 급속히 진행된 데 따른 내수 대체의 위협요인보다는 중국 내수요 증가에 의한 기회요인이 더 크다고 LG경제연구원의 보고서(김석진 · 김지목, 2005)는 예상하고 있다.

〈그림 3-1〉 남한의 대중국 직접투자 실행액 추이

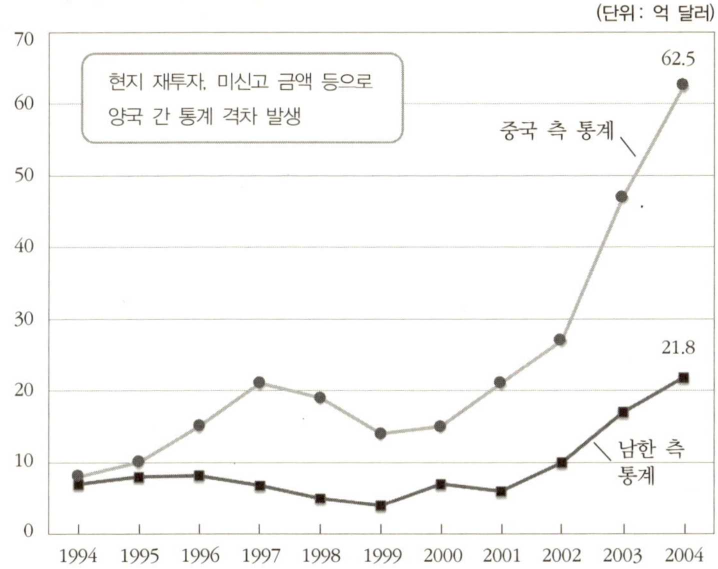

자료: 김석진 · 김지목(2005).

〈그림 3-2〉 남한의 대중국 직접투자 업종구성 변화(금액 기준)

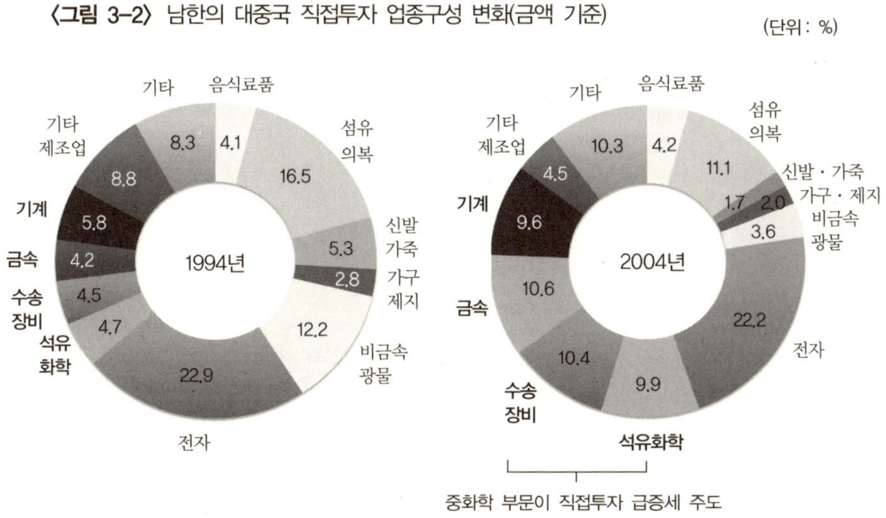

자료: 김석진 · 김지목(2005).

〈표 3-6〉 남한 주요 산업의 해외직접투자 추이

(단위 : 1998~2006년 천 달러, 2007년 백만 달러)

구분	1998	2000	2002	2004	2005	2006	연평균 증감률		2007	
							1998~2002	2003~2006	1/4	2/4
자동차	895,715	12,990	193,517	384,244	717,675	888,511	-31.82	62.32	358	228
조선	145	11,405	4,972	7,720	74,654	150,551	141.09	153.69	42	34
일반기계	22,235	22,037	45,523	141,599	112,527	151,282	19.62	36.43	37	104
철강	10,709	24,231	96,022	147,541	171,384	136,579	73.04	14.95	147	121
석유화학	54,111	43,506	73,427	105,292	107,583	170,535	7.9	27.1	36	158
섬유	94,827	58,771	101,558	210,162	128,892	164,298	1.73	11.65	65	90
가전	561,778	120,098	314,424	428,421	232,663	335,790	-13.5	5.4	71	21
통신기기	3,635	52,725	67,305	90,102	112,673	103,954	107.4	30	11	48
컴퓨터	68,881	37,633	46,497	58,731	73,201	19,106	-9.4	-37.8	3	60
반도체	NA	NA	NA	NA	NA	NA	NA	NA	175	808

자료 : 산업연구원 산업통계(http://www.istans.or.kr).

그러나 남한 기업의 대북직접투자는 중국의 경우처럼 그 지역의 내수시장을 목표로 할 것이라고 생각하기는 어렵다. 남한 기업의 대북직접투자는 남한의 경제발전 초기처럼 역외로 수출하기 위한 투자일 개연성이 매우 높다. 따라서 산업별 해외직접투자 증가율과 최근의 해외직접투자액을 근거로 중·장기적으로 생산기지의 역외 이전이 이루어질 가능성이 높은 산업을 선정하기로 한다.

구체적으로는 〈표 3-6〉의 2003~2006년간 산업별 해외직접투자 증가율을 근거로 조선 산업, 자동차 산업, 일반기계 산업, 통신기기 산업 등의 순으로 중·장기적으로 생산기지를 북한으로 이전할 가능성이 높다고 추정한다. 더불어 해외직접투자 증가율 자료가 가용하지 않으나 2007년의 해외직접투자액과 분기 간 증가율이 가장 높은 반도체 산업을 조선 산업과 공동 1위로 선정하기로 한다.[2]

(2) 부가가치 자본생산성이 높은 산업

북한에 투자가 유망한 산업으로, 중·장기적으로 역외로 생산시설을 이전할 산업들 중에서 부가가치 자본생산성이 높은 산업을 선정하기로 했는데, 남한의 기업이 북한에 투자하는 것은 주로 자본일 것이며, 따라서 부가가치 자본생산성이 높은 산업이 더 큰 투자 유인을 가질 것이라는 가정을 바탕으로 한 논리이다. 〈표 3-7〉에 의하면 2005년 기준으로 부가가치 자본생산성이 높은 산업은 통신기기, 컴퓨터, 가전, 일반기계, 자동차 산업 등의 순서이다.

2. 중·장기적으로 생산기지의 역외 이전이 이루어질 산업들에 대한 정보를 획득하기 위해서는, 남한 기업들이 역외로 생산시설을 이전할 계획 내지 전망에 대한 산업 및 업종별 설문조사가 필요하다. 이러한 설문조사에서는 한걸음 더 나아가 남북관계의 발전과 대북투자 여건의 변화에 대한 가상적 상황에 대한 질의가 포함될 필요가 있다. 특히 〈표 3-7〉에서 산업의 해외직접투자 증가율이 시기별로 큰 변동을 보임을 알 수 있다. 이 점 역시 해외직접투자에 대한 중·장기적 전망에 관한 설문조사가 필요함을 시사한다.

〈표 3-7〉 남한 주요 산업의 부가가치 자본생산성 추이 (단위: 백만 원)

구분		2000	2001	2002	2003	2004	2005
자동차	유형고정자산	24,689,611	24,541,134	24,093,271	24,622,880	25,769,629	28,309,297
	부가가치	20,574,990	24,400,099	26,509,319	28,270,096	30,114,320	32,042,884
	부가가치 자본생산성	0.83	0.99	1.1	1.15	1.17	1.13
선박	유형고정자산	9,973,926	10,506,779	11,216,227	11,801,097	11,573,736	12,627,454
	부가가치	6,983,001	7,810,362	8,177,428	8,267,422	9,078,393	9,413,288
	부가가치 자본생산성	0.7	0.74	0.73	0.7	0.78	0.75
일반기계	유형고정자산	14,056,562	15,194,709	14,923,704	14,685,173	15,052,741	17,012,046
	부가가치	15,018,018	14,960,890	16,355,616	18,341,896	21,879,344	22,786,032
	부가가치 자본생산성	1.07	0.98	1.1	1.25	1.45	1.34
철강	유형고정자산	22,346,368	22,378,768	22,234,957	21,476,812	20,117,072	27,357,397
	부가가치	10,691,486	11,362,753	12,362,080	13,927,934	20,055,243	20,189,181
	부가가치 자본생산성	0.48	0.51	0.56	0.65	1	0.74
석유화학	유형고정자산	22,208,222	21,521,951	19,174,695	18,742,514	18,055,826	17,860,921
	부가가치	9,211,680	8,677,115	10,373,601	10,466,415	12,597,291	12,649,161
	부가가치 자본생산성	0.41	0.4	0.54	0.56	0.7	0.71
섬유	유형고정자산	17,970,121	17,456,925	16,322,721	15,012,678	13,239,751	12,587,924
	부가가치	12,777,655	11,539,996	11,508,756	11,079,719	10,392,583	9,902,429
	부가가치 자본생산성	0.71	0.66	0.71	0.74	0.78	0.79
가전	유형고정자산	3,458,305	3,534,745	3,890,517	3,781,790	5,131,739	5,278,332
	부가가치	5,154,086	5,469,635	5,661,945	5,644,779	7,825,398	8,617,148
	부가가치 자본생산성	1.49	1.55	1.46	1.49	1.52	1.63
통신기기	유형고정자산	3,186,141	3,260,267	3,970,818	4,076,868	3,347,651	5,704,772
	부가가치	7,093,696	9,303,859	12,427,144	12,675,701	15,095,228	16,737,393
	부가가치 자본생산성	2.23	2.85	3.13	3.11	4.51	2.93
컴퓨터	유형고정자산	3,736,708	3,043,184	2,870,424	2,693,717	1,474,830	1,359,766
	부가가치	7,199,638	7,177,692	6,793,690	5,360,897	3,955,669	3,003,210
	부가가치 자본생산성	1.93	2.36	2.37	1.99	2.68	2.21
반도체	유형고정자산	36,619,269	34,883,248	33,850,867	34,901,290	38,887,412	54,999,834
	부가가치	27,989,240	21,215,475	25,674,959	30,184,748	44,337,909	42,989,364
	부가가치 자본생산성	0.76	0.61	0.76	0.86	1.14	0.78

주: 유형고정자산 = 연말 총액.

자료: 산업연구원 산업통계(http://www.istans.or.kr).

(3) 고졸 숙련공 위주의 노동집약적 산업

북한의 산업구조 조정과 경제성장 과정에서 농림어업과 정부 부문의 인력을 제조업 부문에서 흡수하기 위해서는 고졸 숙련공 위주의 산업을 육성할 필요가 있다. 그런데 산업연구원의 산업 중분류에 해당하는 고졸 숙련공 비중에 대한 자료는 존재하지 않는 것으로 보인다. 따라서 고졸 숙련공 비중에 대한 업종별 자료를 구하기 위해 '노동부 임금구조 기본통계조사 원시자료'를 이용해서 〈표 3-8〉에 해당하는 집계자료를 만들기로 한다. 〈표 3-8〉에서 볼 수 있듯이 가전 산업과 반도체 산업에 상응하는 업체 분류를 노동부 통계에서는 구할 수 없었으며, 따라서 각각 '기타 기계 및 장비 제조업'과 '통신기기'의 수치를 대체하여 사용한다.

〈표 3-9〉에 의하면, 2006년 기준으로 볼 때 자동차 산업, 철강 산업, 통신기기 산업, 반도체 산업, 섬유 산업, 조선 산업의 순서로 고졸 숙련공의 비중이 높음을 알 수 있다. 〈표 3-9〉의 고졸 숙련공 비중 자료에 대한 보완

〈표 3-8〉 표준산업분류와 10대 산업 간의 매칭

10대 산업	산업 코드	관련 산업 명칭
자동차	D (제조업)	34 자동차 및 트레일러 제조업
조선		35 기타 운송장비 제조업(선박, 철도, 우주선 등)
일반기계		29 기타 기계 및 장비 제조업
철강		27 제1차 금속산업
석유화학		24 화합물 및 화학제품 제조업
섬유		17 섬유제품 제조업(봉제의복 제외)
가전		– 기타 기계 및 장비 제조업으로 대체
통신기기		32 전자부품, 영상, 음향 및 통신장비 제조업 (반도체 포함)
컴퓨터		30 컴퓨터 및 사무용 기기 제조업
반도체		– 통신기기로 대체

〈표 3-9〉 남한의 산업 중분류별 근로자의 학력수준 비중 (단위: %)

연도	산업 중분류	중졸 이하	고졸	초대졸	대졸	대학원 이상
2002	섬유(봉제의복 제외)	26.21	56.21	8.70	8.48	0.40
	화합물 및 화학제품 제조업	2.98	50.98	13.9	28.21	3.92
	제1차 금속산업	18.93	51.93	14	13.23	1.9
	기타 기계 및 장비 제조업	10.5	52.86	14.62	18.59	3.43
	컴퓨터 및 사무용 기기 제조업	6.04	51.71	14.5	24.54	3.21
	전자부품, 영상, 음향 및 통신장비 제조업	4.54	60.53	9.79	20.74	4.4
	자동차 및 트레일러 제조업	9.82	61.82	11.13	14.74	2.49
	기타 운송장비 제조업	16.1	48.44	9.54	21.73	4.19
2003	섬유(봉제의복 제외)	21.46	57.16	8.55	12.12	0.72
	화합물 및 화학제품 제조업	3.56	51.61	11.92	28.82	4.08
	제1차 금속산업	18.32	52.85	13.26	14.03	1.54
	기타 기계 및 장비 제조업	10.05	51.59	12.99	20.42	4.96
	컴퓨터 및 사무용 기기 제조업	6.33	51.08	14.9	24.61	3.08
	전자부품, 영상, 음향 및 통신장비 제조업	4.28	58.45	10.29	22.26	4.71
	자동차 및 트레일러 제조업	11.5	55.49	14.65	15.92	2.44
	기타 운송장비 제조업	17.61	41.48	13.72	22.05	5.14
2004	섬유(봉제의복 제외)	19.50	58.34	8.51	12.79	0.85
	화합물 및 화학제품 제조업	4.03	51.88	11.21	29.26	3.62
	제1차 금속산업	14.03	55.01	14.1	15.03	1.82
	기타 기계 및 장비 제조업	9.62	47.42	14.51	22.91	5.54
	컴퓨터 및 사무용 기기 제조업	7.26	52.59	15.65	21.28	3.21
	전자부품, 영상, 음향 및 통신장비 제조업	3.65	55.35	14.81	19.57	6.62
	자동차 및 트레일러 제조업	10.88	58.8	11.71	16.06	2.54
	기타 운송장비 제조업	15.11	44.24	16.3	21.44	2.91

〈표 3-9〉 계속 (단위: %)

연도	산업 중분류	중졸 이하	고졸	초대졸	대졸	대학원 이상
2005	섬유(봉제의복 제외)	21.07	52.49	7.48	17.34	1.62
	화합물 및 화학제품 제조업	4.21	48.88	11.78	29.47	5.66
	제1차 금속산업	11.47	58.49	14.32	13.25	2.47
	기타 기계 및 장비 제조업	8.25	46.83	13.1	28.97	2.85
	컴퓨터 및 사무용 기기 제조업	3.41	49.16	17.47	24.96	5.01
	전자부품, 영상, 음향 및 통신장비 제조업	2.37	53.79	9.25	25.98	8.62
	자동차 및 트레일러 제조업	9.29	58.1	10.8	18.65	3.16
	기타 운송장비 제조업	15.28	48.87	17.4	15.38	3.06
2006	섬유(봉제의복 제외)	19.90	54.05	8.68	15.74	1.63
	화합물 및 화학제품 제조업	2.24	44.62	13.14	34.08	5.92
	제1차 금속산업	13.22	57.04	13.81	13.69	2.24
	기타 기계 및 장비 제조업	7.08	41.78	20.13	26.18	4.84
	컴퓨터 및 사무용 기기 제조업	2.28	35.97	15.21	34.58	11.97
	전자부품, 영상, 음향 및 통신장비 제조업	1.87	56.45	12.34	23.03	6.32
	자동차 및 트레일러 제조업	10.92	64.38	8.92	14.68	1.1
	기타 운송장비 제조업	14.27	49.41	13.32	19.37	3.64

자료: 노동부 임금구조 기본통계조사 원시자료.

적 정보로 자본 투입에 따른 고용유발 효과가 큰 산업을 함께 살펴보기로 한다. 자본 투입에 따른 고용유발 효과가 큰 산업은 유형고정자산 대비 종업원 수로 측정하기로 한다. 〈표 3-10〉에 의하면 2005년 현재 컴퓨터 · 가전 · 일반기계 · 통신기기 · 섬유 산업이 유형고정자산 대비 종업원 수의 비율이 높은 것으로 나타난다. 따라서 고졸 숙련공 비중이 높고 유형고정자산 대비 종업원 수가 많은 산업은 통신기기 산업과 섬유 산업임을 알 수 있다.

〈표 3-10〉 남한 주요 산업의 자산 대비 노동력 비율 추이 (단위: 백만 원)

구분		2000	2001	2002	2003	2004	2005
자동차	유형고정자산	24,689,611	24,541,134	24,093,271	24,622,880	25,769,629	28,309,297
	종업원 수	203,952	200,069	212,051	220,059	246,946	253,491
	자산 대비 노동력 비율	0.83%	0.82%	0.88%	0.89%	0.96%	0.90%
선박	유형고정자산	9,973,926	10,506,779	11,216,227	11,801,097	11,573,736	12,627,454
	종업원 수	77,913	87,162	86,213	86,201	90,304	92,213
	자산 대비 노동력 비율	0.78%	0.83%	0.77%	0.73%	0.78%	0.73%
일반기계	유형고정자산	14,056,562	15,194,709	14,923,704	14,685,173	15,052,741	17,012,046
	종업원 수	248,343	249,944	255,443	263,404	271,827	286,013
	자산 대비 노동력 비율	1.77%	1.64%	1.71%	1.79%	1.81%	1.68%
철강	유형고정자산	22,346,368	22,378,768	22,234,957	21,476,812	20,117,072	27,357,397
	종업원 수	64,823	64,347	64,512	66,402	71,867	72,178
	자산 대비 노동력 비율	0.29%	0.29%	0.29%	0.31%	0.36%	0.26%
석유화학	유형고정자산	22,208,222	21,521,951	19,174,695	18,742,514	18,055,826	17,860,921
	종업원 수	43,971	43,706	42,249	42,796	42,685	41,649
	자산 대비 노동비율	0.20%	0.20%	0.22%	0.23%	0.24%	0.23%
섬유	유형고정자산	17,970,121	17,456,925	16,322,721	15,012,678	13,239,751	12,587,924
	종업원 수	243,648	226,747	214,716	197,512	176,235	160,259
	자산 대비 노동력 비율	1.36%	1.30%	1.32%	1.32%	1.33%	1.27%
가전	유형고정자산	3,458,305	3,534,745	3,890,517	3,781,790	5,131,739	5,278,332
	종업원 수	79,284	77,198	77,991	76,519	86,569	88,452
	자산 대비 노동력 비율	2.29%	2.18%	2.00%	2.02%	1.69%	1.68%
통신기기	유형고정자산	3,186,141	3,260,267	3,970,818	4,076,868	3,347,651	5,704,772
	종업원 수	59,994	61,172	70,028	74,251	76,444	83,114
	자산 대비 노동력 비율	1.88%	1.88%	1.76%	1.82%	2.28%	1.46%
컴퓨터	유형고정자산	3,736,708	3,043,184	2,870,424	2,693,717	1,474,830	1,359,766
	종업원 수	50,064	45,690	42,049	41,313	31,193	27,296
	자산 대비 노동비율	1.34%	1.50%	1.46%	1.53%	2.12%	2.01%
반도체	유형고정자산	36,619,269	34,883,248	33,850,867	34,901,290	38,887,412	54,999,834
	종업원 수	178,697	174,342	180,459	197,884	231,904	250,302
	자산 대비 노동력 비율	0.49%	0.50%	0.53%	0.57%	0.60%	0.46%

주: 자산 대비 노동력 비율 = 종업원 수(명)/유형고정자산(백만 원) × 100.

자료: 산업연구원 산업통계(http://www.istans.or.kr).

(4) 종합평가

본 연구에서는 각 기준에서 상위 5위 안에 드는 산업을 선정하는 방식을 채택한다. 즉 각 조건의 중간 값 이상을 모두 만족하는 산업이 무엇인지를 찾는 방식이다. 이러한 방식의 장점은 육성대상 산업의 발굴이라는 초기의 연구 및 정부의 계획단계에 유용하며, 이러한 대상 산업을 중심으로 정부가 민간 기업들이나 북한 당국과 협의 및 협상을 이끌어갈 수 있는 출발점으로 이용 가능하다는 것이다. 이상의 (10대 주력산업 조건 외의) 세 가지 기준의 평균 이상의 점수를 가지는 산업과 상위 5위 이내의 점수를 획득한 산업들을 요약하여 정리한 내용은 〈표 3-11〉에 제시되어 있다. 종합해보면, 중·장기적으로 북한에서 육성할 수 있는 산업으로 통신기기와 자동차 산업이 가장 유력하며, '높은 부가가치 자본생산성' 조건을 고

〈표 3-11〉 종합평가

10대 주력산업	생산기지 중·장기적 역외 이전 가능성	높은 부가가치 자본생산성	고졸 숙련공 위주의 노동집약적 산업
자동차	3	(5)*	1
조선	1		(5)*
일반기계	4	4	
철강			2
석유화학			
섬유			4
가전		3	
통신기기	(5)	1	3
컴퓨터		2	
반도체	1		3**

* 괄호 안의 수치는 순위를 나타내나, 평균치보다는 낮은 수치를 가진 산업을 의미함.
** 통신기기와 동일한 수치 적용.

려하지 않으면, 조선 산업과 반도체 산업 또한 가능성이 높은 후보군에 속한다.[3]

한편 이상의 결론은 소프트웨어 산업이 북한에서 육성될 가능성은 거의 없다는 점을 보여준다. 소프트웨어 산업의 발전은 정보화를 위한 사회적 자본이 전제되어야 하는데, 북한에서 이러한 전제조건이 예측 가능한 미래에 충족될 것이라고 추정할 수 있는 어떤 근거도 찾기 어렵다. 또한 소프트웨어 산업은 노동집약적 산업이 아니므로, 북한의 경제성장 과정에서 노동력을 제조업 부문에서 흡수해야 한다는 점을 만족시키기 힘든 산업이기도 하다.

4. 정부와 민간, 국제기구의 역할에 대한 원칙

본 연구는, 한반도 경제공동체 형성을 위한 대북 투자 및 지원 정책이 남북한의 경제성장에 미칠 중·장기적 효과를 동시에 고려하여 남북한 분업 및 협업 구조의 설계라는 틀 속에서 이루어질 필요가 있다는 전제 아래서 북한에 육성할 산업 부문을 검토하고 있다. 이하에서는 한반도 경제공동체 형성을 위한 기본 지향점에 대한 본 연구의 전제와 정책기준 아래서 정부와 민간, 국제기구의 역할에 대한 원칙들과 향후 연구과제들을 논의하기로 한다.

본 연구에서 제시한 북한산업육성정책의 기준은 현재 남한의 주력산업 가운데 중·장기적으로 생산기지의 역외 이전이 이루어질 산업으로서, 고

---

3. 보다 정확하고 과학적인 결론에 도달하기 위해서는 남한 기업들이 역외로 생산시설을 이전하는 것에 대한 산업 및 업종별 계획 내지 전망에 대한 설문조사와 산업 중분류에 부합하는 고졸 숙련공 위주의 노동 집약적인 산업에 대한 자료의 수집이 필요하다. 또한 네 가지 조건에 대한 기준의 설정에 대한 합리적인 설명과 단일 지수화 여부 등에 대한 추가적인 연구가 필요하다.

졸 숙련공 위주의 노동집약적이며 부가가치 자본생산성이 높은 산업을 북한에 유치하여 육성할 산업으로 선정하자는 것이었다. 이러한 정책 기준 아래서 본 연구는 통신기기 산업과 자동차 산업을 가장 유력한 산업으로 선정했으며, 조선 산업과 반도체 산업도 가능성이 높은 산업으로 꼽았다. 이러한 산업들의 공통적인 특징 중 하나는 대규모의 자본재 투자가 필요한 산업들이라는 점이다. 따라서 이러한 대규모 자본재 투자가 북한 지역에 이루어질 수 있는 환경을 먼저 조성하고, 환경 조성과 투자 주체에 대한 원칙이 설정되어야 한다.

먼저, 이러한 대규모 투자가 필요한 산업의 육성을 위한 남북한 당국과 기업들의 역할에 대한 이해가 선행되어야 한다. 기본적으로 이러한 대규모 투자에 대한 의사결정은 남한의 해당 기업들이 수익성에 근거해 자율적으로 수행해야 한다. 남북한 당국은 남한 기업들이 국외에 투자할 경우 다른 경쟁국가에서 제공할 수 있는 환경과 유사한 조건들을 마련하도록 하는 역할을 주로 수행할 필요가 있다. 즉 북한 당국은 법률적 · 제도적인 장치를 통해서 이러한 환경 조성에 이바지해야 하며, 남한 당국은 다른 경쟁국가의 정부가 투자 유치를 위해 수행하는 기반시설의 구축과 금융 위험의 감소를 위한 정책 조치와 북한 당국이 실제로 제공할 수 있는 최선의 정책 조치 사이의 간극을 제거할 수 있는 정도의 도움을 제공할 수 있을 것이다. 한 가지 주의할 점은, 남한 당국이 기업들에게 지나친 대북 투자의 유인을 제공하는 것은 산업구조의 효율화와 중 · 장기적인 남북한 경제의 발전이라는 관점에서 오히려 역작용을 야기하기 쉽다는 것이다. 그러나 동시에, 북한의 정치 · 경제적 현실을 무시한 채 다른 경쟁국과 유사한 환경을 북한 스스로가 마련하도록 전제조건으로 삼는 것 역시 바람직하지 않다는 점을 명심할 필요가 있다. 제2절에서 살펴본 것처럼, 2004년 현재 북한의 1인당 GNI는 472달러에서 914달러 사이로 추정되며, 2007년 현재 북한의 주력 산업은 농림어업과 정부 부문이라고 할 수 있다. 따라서 북한의 정치적인 특성은 차치하더라도, 북한의 경제적 상황이 다른 경쟁국들과 유사한 환경을 제공하기에는 역부족임을 추론할 수 있다.

둘째, 이러한 대규모 북한산업육성정책과 북한의 사회간접자본(즉 전력, 통신, 도로, 철도 등) 확충에 대한 계획이 연계되어야 한다. 한반도 경제공동체를 형성하기 위해 초기에 육성할 산업단지의 조성과 이를 위한 기반시설의 구축이라는 사회간접자본의 확충이 사회간접자본 투자 계획에서 가장 우선시되어야 한다. 이러한 산업단지 조성단계의 사회간접자본의 투자에도 국제기구를 통한 여러 국가들의 참여가 바람직하나, 그러한 환경이 조성되지 못한 경우에는 남한 당국의 보다 적극적인 역할을 고려할 수 있다. 그러나 북한 전역에 걸친 사회간접자본의 투자에는 국제기구가 여느 개발도상국에서처럼 주도적인 파이낸싱을 담당해야 하며, 남북한 당국은 국제기구의 이러한 역할수행이 가능한 환경을 조성하는 데 초점을 맞추어 정책적 노력을 경주할 필요가 있다.

셋째, 이러한 대규모 북한산업육성정책과 북한의 노동자 교육 · 훈련에 대한 계획이 연계되어야 한다. 이상에서 논의된 북한 산업의 유치 및 육성을 위해서는 북한의 사회간접자본을 확보하고 제도적 · 정치적 · 군사적 신뢰를 조성하는 것 외에도 숙련된 노동력을 확보하는 것이 중요하다. 따라서 기술고등학교에 대한 지원과 산업연수 프로그램과 같이 필요한 인력을 양성하는 프로그램을 도입할 필요가 있다. 특히 북한에 육성하고자 하는 산업이 노동집약적인 산업이라는 점에서 숙련된 기능 노동자를 원활하게 공급하는 것이야말로 북한산업육성계획의 성패를 좌우할 수 있다. 따라서 남북한 당국은 이러한 교육 및 연수 프로그램을 개발 · 지원하며, 이 경우 해당 남한 기업과의 분담 및 협력 체계를 구축할 필요가 있다. 이러한 교육 · 훈련 프로그램은 교육 시차를 고려해 산업단지 조성에 앞서 실행되어야 할 것이다.

제 4 장

한반도 경제공동체 형성을 위한 북한의 제도개혁 방향과 전망

1. 북한의 제도개혁 방향
2. 북한 경제의 제도개혁 전망
3. 북한의 제도개혁과 주변국의 역할

한반도 경제공동체가 형성되기 위해서는 북한 경제에도 변화가 필요하다. 현재 상태의 북한 경제를 전제로 할 때는 앞서 논의한 산업 재배치 수준의 전면적인 대북투자가 일어나기는 어렵기 때문이다. 제2장에서 논의한 대북투자 활성화를 위한 제도적 장치 정도로는 한반도 경제공동체를 형성하는 데에 충분하다고 볼 수 없다. 본 장에서는 전면적 대북투자가 가능하기 위해 북한에 필요한 제도적 변화는 무엇인지를 살펴보고자 한다.

북한이 시장경제로 전면적인 체제전환을 한다면 경제공동체 형성은 더욱 빨라지겠지만, 전면적인 체제전환이 한반도 경제공동체 형성에 필수적인 것은 아니며, 북한 경제의 즉각적인 회생을 보장하는 것도 아니다. 오히려 동유럽의 많은 국가들에서는 제도개혁이 구소련 붕괴, 세계화와 함께 이루어져 외부의 충격에 갑자기 노출되었기 때문에 개혁 초기에 경제성장이 크게 약화되었다. 시장경제를 시작할 준비가 되어 있지 않은 상황에서 급격한 자유화·사유화가 진행되다 보니 내부의 생산력이 그대로 붕괴되고 만 것이다. 새로운 생산력이 과거의 생산 시스템을 대체할 준비가 되어 있지 않은 상태에서 시장경제를 도입하면 이처럼 과거 생산 시스템의 붕괴로 이어질 가능성이 높다. 북한으로서도 단기적인 성과가 불분명한 시장경제화를 시작하기보다는 일단 경제발전을 어느 정도 이루는 것이 바람직하다. 그래야만 시장경제로의 제도개혁이 효과를 거둘 수가 있다. 본 장에서는 한반도 경제공동체의 형성과 북한 경제의 발전을 위해 북한이 어떠한 제도개혁을 추진해야 하는지를 논의하고자 한다.

이에 대해서는 몇 가지 의문이 따를 수 있다. 먼저 북한이 과연 전면적인 체전전환 없이 일부 제도개혁만으로 경제발전을 이루고 한반도 경제공동체 형성을 진전시킬 수 있겠느냐는 것이다. 물론 시장경제로의 체제전환과 결합된 경제발전전략이 북한 경제를 위한 최선의 대안이며, 근본적인 체제전환 없이는 북한 경제의 지속적 성장이 어렵다는 것은 의심의 여지가 없다. 그러나 경제발전의 가장 중요한 단초인 초기자본 형성은 북한 경제에 대한 전면적인 체제전환 없이도 가능한 일이다. 경제적 성과를 결정하는 3대 요소인 경제체제, 경제정책, 외생변수 중 체제를 크게 변화시키지 않으면서 경제정책의 변화로 경제성과를 높이는 방법도 없지는 않다. 일단 경제발전을 위한 경제정책을 통해 성장에 필요한 초기자본을 형성하는 것이 북한에게 현재 가장 시급한 일이다.

북한이 근본적인 체제전환 없이 경제개발을 이룰 경우 시장경제화를 지연시키지 않겠느냐는 우려도 있을 수 있다. 그러나 북한의 제도개혁을 위해서는 북한이 경제발전의 성과를 맛보는 것이 필요하다고 본다. 어느 정도 경제발전을 이루게 되면 북한 주민들의 소득수준이 향상되어 시장경제로의 제도개혁에 대한 자연 발생적인 동력이 생기게 될 것이기 때문이다. 소득수준이 향상되면 다양한 재화와 용역에 대한 요구가 생겨 자연히 시장이 형성되는 것이다. 현재와 같은 열악한 상황에서는 시장경제를 도입해도 쌀, 생필품 등을 제외하고는 시장이 형성되기 어렵다. 아울러 북한의 국영기업소 역시 공급확대 여력이 있어야 시장이 발생할 경우 이에 대처할 수 있게 된다. 북한이 7.1경제관리개선조치(7.1조치) 이후 경제주체의 자유로운 경제활동을 다소 허용하고는 있으나 그 효과를 보지 못하고 있는 것도 잉여생산물이 없기 때문이다. 현재와 같이 경제수준이 크게 낙후되어 있는 상황에서는 시장경제를 도입한다고 해도 그 효과는 미미하게 된다. 아무리 시장경제를 만들어놓아도 기업과 개인의 생산력이 미약할 경우 시장경제가 발전하기를 기대하기는 어렵다.

본 장에서는 북한에게 근본적인 체제전환을 요구하기보다는 현재의 북한 경제체제에 큰 변화를 주지 않으면서 정책 변화를 통해 구현할 수 있는 과제들을 제시하고자 한다. 남북한 경제공동체를 형성하기 위해 북한이 추진해야 할 과제는 매우 다양하지만, 본 장에서는 그중에서 남한의 대북투자를 지원하기 위한 정책에 초점을 맞추어 특구정책, 자유화정책, 조세제도 개편을 제시하고, 이를 지원하기 위한 주변국의 역할에 대해 알아보기로 한다.

1. 북한의 제도개혁 방향

1) 투자활성화를 위한 특구정책[1]

현재 북한이 농업 부문에서 자본을 축적하는 것은 불가능하며 외국자본의 차입도 어렵기 때문에[2] 외국인 직접투자(FDI)[3]가 유일한 활로이다. 신의주 특구의 예에서 보듯이 북한도 외국인 직접투자의 중요성을 잘 알고

---

1. 본 항의 내용은 조동호 · 박진 · 신지호 · 정연호 · 김현종 · 김은영(2003)의 내용을 수정 · 보완한 것이다.

2. 외국자본의 차입에는 높은 대외 신인도가 필수적이며, 국제금융기관의 경우 후진국에게 경제통계 등 경제적 투명성과 함께 신속한 체제전환을 요구하는 경우가 대부분이다. 1990년 전후의 동유럽과 베트남이 그 예이다.

3. 외국인 직접투자는 목적에 따라 자원지향형, 시장지향형, 비용지향형으로 구분된다. 먼저 자원지향형 외국인 직접투자는 중동 산유국에서 보듯이 자원채취가 주요 목적이며 채취비용, 물류비 등이 주 경쟁력이 된다. 타 산업과의 연관효과가 적고 대외종속이 우려되는 단점이 있으나 부존자원이 풍부한 국가에서는 초기자본을 유치하는 데 가장 손쉬운 방법이다. 둘째, 시장지향형 외국인 직접투자는 현지 시장진출을 겨냥한 형태로서 선진국이나 최근의 대중국 투자에서 나타나고 있다. 물론 대규모 내수시장이 가장 중요한 경쟁요인이다. 셋째, 비용지향형 외국인 직접투자는 대부분의 후진국에서 나타나는 형태로서, 제3국에 대한 수출을 목표로 하며 임금수준이 가장 주요한 경쟁요소이다. 북한은 협소한 내수시장을 고려할 때 초기의 대북투자는 대부분 비용지향형 외국인 직접투자일 것으로 판단된다.

있는 것으로 보인다. 북한은 외국인 직접투자를 유치하기 위해 신의주, 개성 등에 경제특구를 설치하여 다른 지역과 분리하여 운영하는 특구전략을 채택하고 있다. 북한의 전략은 특구지역을 다른 지역으로부터 완전히 차단하고 특구에 한해서는 어느 정도 개혁적인 실험을 하되, 다른 지역에서는 개혁의 추진을 최대한 지연시킨다는 점이다. 이는 체제의 안정을 최우선시하는 북한의 현 상황을 고려할 때 이해가 되는 면이 있으나, 한반도 경제공동체 형성을 전제로 할 경우에는 다음과 같은 개혁이 필요하다.

먼저 특구 내 투자기업과 타 지역 북한 기업 간의 연관효과를 강화하는 것이 중요하다. 대북투자기업이 북한 내 타 지역으로부터 원부자재와 부품을 자유롭게 공급받을 수 있어야 하기 때문이다. 또한 북한 경제에 대한 외국인 직접투자의 긍정적 파급효과를 극대화하기 위해서도 이러한 연관효과를 강화할 필요가 있다. 따라서 특구와 주변지역을 완전히 분리하는 전략은 다소 유연하게 수정될 필요가 있다. 중국에서도 경제특구의 최대 성과는 특구 자체에서보다 특구와 주변지역 간의 연관효과에서 발생했다는 점을 잊어서는 안 된다. 특구 내 산업을 선도산업으로 하여 후방연관효과가 있는 산업을 특구 내부나 주변에 배치하는 것이 중요하다.

초기에는 특구의 의식주와 관련된 서비스 산업을 특구 주변지역에 건설할 필요가 있다. 그 다음 단계에서는 특구별 특화 산업을 고려하여 후방연관효과가 높은 부문을 선정하는 것이 중요하다. 일례로 개성 특구의 경우에는 당분간은 남한에 대한 수출기지가 될 것이므로 섬유, 의류, 신발 등 경공업 제품에 대한 원자재 조달 창구로서 주변지를 활용해야 한다.

특구와 주변지역 간의 연관효과가 가능하기 위해서는 여타 지역에 대한 경제개혁 조치도 중요하다. 물론 경제특구에서 다른 지역보다 급격한 개혁을 실험하는 것은 필요하지만 특구의 시장경제화만으로 북한 경제가 회생하리라고 보는 것은 무리다. 특구 외 지역의 경제개혁 조치 없이는 특구에 유입되는 외국인 직접투자가 연관효과를 통해 타 지역으로 확산될 수 없으며, 이러한 연관효과 없이는 특구에 외국인 직접투자가 유치된다 해도 북한 경제를 회생시키는 수준에 이르지는 못할 것이기 때문이다. 아울러 특구를 통해 외국인 직접투자를 유치하는 데는 시간이 걸리므로 당장 시급한 외화는 특구 외 지역에서 획득해야 한다는 점을 고려해서라도 특구 외 지역에 대한 경제개혁 조치는 필요하다.

북한은 시장이 협소하여 사회간접자본 투자에 남한 이외에 외국의 참여를 기대하기 어려울 것이다.[4] 이와 같이 동원 가능한 자본이 제한적일 경우에는 사회간접자본에 대한 투자는 극히 선별적으로 추진할 필요가 있다.[5] 따라서 특구지역에 대한 사회간접자본 투자를 최우선으로 하여 외국인 직접투자 유치를 위한 기반을 조성하는 것이 바람직하다.

2) 경제자유화 조치

대북투자가 크게 활성화되기 위해서는 북한에 투자한 남한 기업이 북한 지역에서 각종 물자를 원활히 조달할 수 있어야 한다. 대북투자 규모가 미미할 때에는 모든 원부자재와 부품을 남한에서 공급할 수 있겠지만, 대북투자가 대규모로 이루어질 경우에는 북한에서 이를 조달할 수 있어야 한다. 이를 위해 북한 기업소의 자율성을 대폭 확대하는 개혁조치가 필요하다. 특히 기업소에 대한 정부의 할당 계획량을 철폐해야 한다. 그리고 할당량 이외의 생산량은 자체 판매하여 그 수익을 각 기업소가 처분할 수 있도록 허용해야 할 것이다. 7.1조치 이후 이러한 자율성이 확대되고 있으

4. 중국의 경우에는 외국 자본이 향후의 중국 시장을 선점하기 위해 수익성이 낮은 중국의 사회간접자본에도 투자하는 경우가 많았다.

5. 직접생산시설과 사회간접자본 중 어느 부문에 먼저 투자할 것인지 선택하는 것도 중요하다. 직접생산시설을 우선하는 전략은 수출상품 생산으로 신속한 외화 획득이 가능한 반면, 사회간접자본은 투자회수기간이 길지만 외국인 직접투자를 유치하는 데 절대적으로 필요하다는 양면성을 가지고 있다.

므로 그 속도와 범위를 더욱 확대하는 것은 그다지 무리한 개혁은 아닐 것으로 판단된다.

동시에 북한 주민에 의한 창업을 촉진할 필요가 있다. 1990년 이후 체제전환국의 사례에서 보았듯이 기존의 국영기업을 민영화하는 것은 많은 저항이 따르고 또 민영화한 후에 생존을 기대하기도 어렵다. 따라서 북한 주민에 의해 새로 창업되는 기업에 기대를 걸어야 한다. 북한 주민에 의한 창업은 일단 소규모 제조업이나 서비스업에서 실마리를 찾을 수 있을 것이다. 이는 장기적으로 시장경제의 착근을 돕는 데에도 크게 기여할 것으로 생각된다. 이를 위해 남한은 북한 정부에 대해 주민의 창업을 지원하는 컨설팅을 활발히 전개할 필요가 있다.

이와 함께 국영기업소의 예산을 단계적으로 강성예산제약(hard-budget constraint)으로 전환할 필요가 있다. 대북투자기업에 원부자재와 부품을 납품하기 위해서는 경쟁력을 강화할 수 있는 여건을 마련할 필요가 있다. 우선 좋은 상품을 만들기 위한 기업소 간 경쟁이 공정한 룰에 의해 진행되어야 한다. 전력 및 원부자재의 우선적 배급 등 정부의 자의적인 조치에 의해 각 기업소가 내어놓는 상품의 질이 결정된다면 이는 시장경제가 지향하는 효율성을 창출해낼 수 없다. 이는 북한에 투자한 기업의 경쟁력도 약화시키게 될 것이다. 한편 북한에 있어 민영화는 급한 것이 아니며 그에 앞서 경쟁을 도입하는 것이 더욱 중요하다.[6] 북한에 투자한 기업이 북한에서 물품을 구입할 때 다양한 공급자가 존재하고 있어야 하는 것이다. 다시 말해 대북투자기업의 선택권을 넓혀 북한 기업소들이 서로 경쟁하는 환경을 만들어야 한다. 이를 위해서는 좋은 평을 받는 원부자재와 부품을 만들어내는 기업소의 경영진과 노동자가 상대적으로 좋은 보상을

---

6. 체제전환국의 경험에서도 민영화된 국영기업보다는 외국투자기업이나 새로 창업된 기업이 더 중요한 역할을 했다는 점이 밝혀진 바 있다(Havrylyshyn and Mcgettigan, 1999).

받도록 해야 한다. 경영진과 노동자에 대한 보수체계의 전면 개혁도 수반되어야 한다.

한편 남한과의 경제공동체 형성을 뒷받침하기 위해서 무역자유화가 급속하게 진전될 필요가 있다. 무엇보다도 환율을 현실화할 필요가 있다. 북한에 대한 투자를 활성화하기 위해서는 환율의 적정성이 매우 긴요하기 때문이다. 특히 달러 대비 북한 원화가 지속적으로 평가절하되는 상황에서 북한 원화가 의도적으로 고평가되도록 유지할 경우 남한 기업의 대북투자 유인을 약화시키게 될 것이다. 7.1조치 이후 환율의 현실화는 어느 정도 진전되었으나 이를 보다 가속화할 필요가 있다. 당분간 고정환율제는 불가피한 선택이겠지만, 고정환율과 시장환율 간의 괴리를 보다 신속히 교정해 나가지 않으면 북한에 대한 투자가 매력을 갖기는 어렵다.

다음 단계로 북한 지역 상품시장의 자율성도 확대되어야 한다. 북한 경제가 성장하면서 생산기지만이 아닌 시장으로서의 중요성도 부각될 것이기 때문이다. 이를 위해 7.1조치가 의도했던 바대로 국정 가격을 지속적으로 조정하여 암시장 가격과의 차이를 줄여나가고, 이에 맞추어 임금도 지속적으로 상승시켜야 한다. 이를 통해 소비자의 선택권을 강화하는 것이 중요하다. 국정 가격의 조정 주기를 품목에 따라 점차 단축해나가면 단계적인 가격자유화의 효과를 기대할 수 있다. 궁극적으로는 가격자유화가 단행되어야 하겠으나 이것이 남북한 경제공동체의 전제조건은 아니다.

〈표 4-1〉 북한의 공식 환율과 암시장 환율 (단위: 미 달러 대비 북한 원)

구분	2002. 6	2002. 7	2003. 11	2004. 10	2005. 5	2006. 10
공식 환율	2.0~2.2	153	145	139	140	143
암시장 환율	150	670	950	1,800	2,630	2,900~ 3,500

자료 : 한국은행(http://www.bok.or.kr).

상품 시장 가격에 대한 통제는 상당 기간 존속해도 무방하다. 북한의 소비수요가 단기간 내에 급증하지는 않을 것이기 때문이다.

북한의 토지정책 역시 매우 중요한 과제가 될 것이다. 한반도 경제공동체를 형성하기 위해서는 중국과 같이 토지사용권을 30~50년 동안 장기적으로 보장할 필요가 있다. 이는 북한에 투자하는 기업의 안정성을 확보하기 위해서 매우 중요하다. 북한은 나진 · 선봉 자유경제구역을 지정하면서 이미 이러한 방향을 설정한 바 있는데, 이를 외국인 투자가 발생하는 모든 지역으로 확대해야 할 것이다. 장기적인 토지사용권에 대한 보장이 정착된 후에는 토지사용권의 매매를 허용하는 것이 그 다음 단계가 될 것이다.

3) 조세제도의 정비

자본주의와 시장경제에 대한 경험이 전무한 북한 지역에 새로운 조세, 금융 등 시장경제를 지원하는 제도를 도입하는 것은 대단히 중요한 일이다. 특히 한반도 경제공동체를 형성하기 위해서는 조세제도의 도입이 긴요하다. 현재 북한이 가지고 있는 대북투자기업에 대한 세제는 경쟁국에 비해 나쁘지 않은 상태이다.

앞으로 더욱 중시될 것은 북한 기업소에 대한 세제개편이다. 이는 북한 주민에 대한 세제에 비해 상대적으로 쉽게 도입할 수 있을 것이다. 북한 기업소가 대북투자기업에 원부자재와 부품을 활발히 공급한다고 해도 북한의 현행 세제 아래서는 기업의 경제활동 동기가 크게 제약될 수밖에 없기 때문에 북한의 국가기업 이득금과 협동단체 이득금을 법인세로 전환하는 것이 바람직하다.[7]

---

7. 과거 북한의 주요 수입원이었던 거래수입금은 판매세 성격이 강했으나 이것이 최근에는 국가기업 혹은 협동단체 이득금 형태로 전환되었다.

〈표 4-2〉 북한의 재정 관련 개선조치 전후 예산 수입항목 비교

<table>
<tr><th colspan="2">변경 전</th><th>개선조치</th><th>변경 후</th></tr>
<tr><td colspan="2">국가기업 이익금</td><td rowspan="3">통합</td><td rowspan="3">국가기업 이득금</td></tr>
<tr><td colspan="2">봉사료 수입금</td></tr>
<tr><td rowspan="2">거래 수입금</td><td>국영기업소 생산품 관련</td></tr>
<tr><td>생산협동조합 생산품 관련</td><td rowspan="2">통합</td><td rowspan="2">협동단체 이득금</td></tr>
<tr><td colspan="2">협동단체 이익금</td></tr>
<tr><td colspan="2">고정재산 감가상각금</td><td>폐지</td><td>–</td></tr>
<tr><td colspan="2">사회보험료 수입</td><td rowspan="2">변화 없음</td><td>사회보험료 수입</td></tr>
<tr><td colspan="2">국가재산 판매 및 기타 수입</td><td>국가재산 판매 및 기타 수입</td></tr>
<tr><td colspan="2">–</td><td>신설</td><td>토지사용료 수입</td></tr>
</table>

개인에 대한 과세 중에는 근로소득세를 북한에 신규 도입하는 것이 가장 시급한 문제가 될 것이다. 대북투자기업의 노무관계에서 중요하기 때문이다. 초기에는 북한 주민의 소득수준과 세무행정의 부담을 고려하여 면세자를 폭넓게 설정해도 무방하나 단계적으로 면세점을 높여나가는 것이 좋을 것이다. 그 밖에 재산세는 토지 등에 대한 사유화 작업과 그 속도를 같이하겠으나 시급한 사안은 아니라고 본다.

한편 북한 지역에 부가가치세를 도입하는 것은 가격자유화가 이루어지고 세무행정체계가 정비된 이후에나 가능할 것이다. 일반적으로 남북한 간에 부가가치세의 차이가 있을 경우 북한 지역에서 물건을 구입하여 남한 지역에서 재판매하는 문제가 생길 수 있다. 그러나 남북한의 경우 상호 이동이 제한적이므로 이러한 왜곡 문제는 어느 정도 완화될 수 있을 것으로 본다. 따라서 지나치게 단기간 내에 무리하게 부가가치세를 도입하려는 노력은 불필요하다고 본다.

이와 같이 북한이 경제제도의 개선을 이루어나갈 경우 이미 급격히 증

가하고 있는 비공식 부문이 더욱 확대될 우려가 있다. 경제활동이 비공식 부문에서 일어날 경우 북한 정부는 조세수입을 거둘 수 없어 정부재정이 더욱 열악해지는 문제가 발생한다. 정부재정의 부족은 정부의 서비스 제공을 약화시켜 더욱 많은 경제활동을 비공식 부문으로 내몰게 된다. 이러한 점에서 북한 정부는 비공식 부문을 축소하기 위한 노력을 최대한 경주해야 할 것이다. 가장 중요한 것은 기업에게 과도한 조세 부담을 주지 않으면서 일관성 있고 예측 가능한 정책을 펴는 것이다.

2. 북한 경제의 제도개혁 전망

과연 북한은 이상에서 언급한 변화를 추진할 수 있을 것인가? 한반도 경제공동체를 형성하기 위한 북한의 제도개혁은 언제쯤 가시화될 수 있을 것인가? 이하에서는 북한의 최근 경제 변화를 바탕으로 북한의 제도개혁 시점에 대해 전망해보기로 한다.

1) 변화 추이

북한은 2002년 7월 1일 발표한 '7.1경제관리개선조치'(이하 7.1조치) 이후에도 나름대로의 경제적 변화를 추진하였다. 지금은 거의 잊어져가고 있으나 2002년 9월의 신의주특별행정구 기본법 발표는 세계를 깜짝 놀라게 한 획기적인 사건이었다. 특별행정구에 입법 · 행정 · 사법 3권을 부여하고 국제적 경제개방구로 건설하기 위해 시장경제원리에 입각한 제도를 과감하게 도입할 것을 천명한 바 있다. 지금은 동북 3성 개발을 중시하는 중국의 견제로 진전이 지연되고 있으나 최소한 그 당시 표출되었던 북한의 개혁 · 개방 의지에 대해서는 인정하지 않을 수 없다. 그 후에도 2002

년 10월에 금강산을 관광지구로, 11월에는 개성을 공업지구로 지정하는 등 북한으로서는 2002년 하반기 중 개혁·개방을 위해 나름의 노력했다고 평가할 만하다. 또한 북한은 2003년 3월 농수산물 거래만 허용되던 농민시장에서 공산품까지 거래할 수 있도록 허용하였다.[8] 기업소들이 이익추구를 위해 생산을 확대할 유인이 발생한 것이다. 현재로서는 원부자재의 공급이 부족해 계획량조차 달성하지 못하는 실정이므로 농민시장의 존재가 기업소의 생산력 확대에 기여한다고 볼 수는 없으나 최소한 그러한 통로는 열린 셈이다.

이러한 일련의 조치가 과연 시장경제화 조치인지에 대해서는 많은 논의가 있었다.[9] 그 이후의 북한의 경제정책을 종합하면 북한이 시장경제화를 추진하는 것은 아니지만 시장경제적 요소가 확대된 것은 분명하다는 것으로 결론지어진다. 북한이 향후 경제가 호전될 경우에도 배급제 환원 등 계획경제로 회귀하는 것은 어려울 것이다. 향후 경제가 호전된다는 것은 북한 주민의 개인소득도 증가하는 상황인데 이때 다시 개인의 구매력을 급격

8. 그러나 종합시장의 확대는 공식부문을 위축시키는 부작용을 낳아 2005년 하반기에 들어서는 식량을 제외한 많은 품목에 대하여 거래금지 조치를 단행하기도 하였다. 그러나 한번 발생한 시장에서의 거래관행은 쉽게 사라지지 않고 있는 상황이다.

9. 첫째, 북한이 계획경제를 포기하고 미흡하나마 시장경제화 조치를 취했다는 시각이 있다. 이러한 해석은 7.1조치가 배급제를 폐지하고 노동자들의 선택권을 확대하는 한편, 기업소의 자율성을 확대하는 등 분권화적인 요소를 가지고 있다는 분석에 기초하고 있다. 계획경제를 복원하기 위해서라면 배급제도의 정상화, 국가계획의 강화, 화폐개혁 등을 통한 사경제 부문의 축소 등을 추진해야 하는데 7.1조치는 이와 반대 방향을 지향하고 있다는 것이다. 물론 7.1조치가 1990년대의 제도개혁국과는 달리 국정 가격을 유지하는 등 본격적인 시장경제화 조치로 보기에는 무리가 있다는 점은 인정하나 일단 이렇게 분권화가 진전되면 다시 과거 스탈린식의 명령형 계획경제로 되돌아가기는 어렵게 된다는 것이다. 반면 7.1조치는 시장경제를 도입하고자 하는 정책이 아니라 시장경제적 요소를 한시적으로 도입함으로써 계획경제를 복원하고자 하는 정책이라는 시각이 있다. 경제가 극도로 악화된 상황에서 더 이상 배급제를 유지하고 기업소에 대한 세부계획을 '명령'할 수 없게 되자 주민과 기업소의 경제행위를 일단 공식부문으로 끌어내고 경제활동의 인센티브를 제공하여 일단 경제를 회생시켜보자는 의도라는 것이다. 이러한 입장에 서게 되면 향후 경제가 다시 좋아질 경우 배급제 복원 등 계획경제로 다시 회귀할 가능성이 높다는 전망을 하게 된다.

히 낮추고 배급제에 의해 생필품을 공급한다는 것은 상당한 반발을 야기할 것이 분명하기 때문이다. 기업소의 경우에도 새로운 체제 아래서 나름의 원부자재 확보 통로가 구축되고 나면 이를 과거의 명령형 계획경제로 되돌리기는 쉽지 않을 것이다. 북한이 7.1조치를 시행하면서 경제가 나아질 경우 다시 7.1조치 이전으로 회귀하겠다는 복안이 있었는지는 알 수 없으나 그러한 복안이 있었다 할지라도 그것이 가능하지는 않을 것이다.

그렇다고 해서 지금의 북한 경제가 시장경제화로 진행하는 자체 동력을 가지고 있지는 않다. 경제체제란 결국 가계, 기업, 정부의 3대 경제주체 간의 관계를 규정하는 법칙을 말한다. 가계와 기업 간에는 노동시장에서 임금과 노동을 교환하며 가계와 정부는 공공재(배급 포함)와 조세를 교환하고, 끝으로 기업과 정부는 생산계획과 조세로 연결되어 있다. 시장경제화가 자생적으로 진전되기 위해서는 개인과 기업의 자율성이 지속적으로 확대되어가는 메커니즘이 구축되어 있어야 한다. 그러기 위해서는 어느 한 부문의 시장경제화로는 불충분하며 모든 부문에 시장경제가 도입되어야 자체적인 시장경제화의 동력을 기대할 수 있다.

현재 북한에서 개인의 자율성은 소비에서는 어느 정도 열려 있으나 노동시장에서는 한계를 가지고 있다. 또한 기업소의 자율성 확대는 북한 정부가 정해준 울타리 안에서 이루어진 것이므로 그 한계는 명확하다. 이와 같이 노동시장에 대한 통제를 통해 개인의 자율성이 여전히 제약을 받고 있으며, 기업소에도 제한적인 자율성만 부여된 상황에서 7.1조치가 자연발생적 시장경제화의 동력이 될 것으로 기대하기는 어렵다. 결국 북한형 경제개혁이란 기업에 대하여 기본적인 통제는 유지한 상태에서 일부 자율성을 허용하고 가계에는 기업을 통한 노동시장의 통제를 유지하면서 소비생활에서는 자율성을 확대한다는 특징을 가지고 있다.

2) 변화 전망

북한 경제의 변화에 대해서는 크게 두 가지 시각이 있다. 하나는 1990년대 중반 이후 계획경제 시스템의 붕괴와 암시장의 확산으로 북한에서는 이미 느리게나마 시장경제화로의 진전이 시작되었으며 이러한 추이는 되돌리기 어렵다는 시각이다. 특히 7.1조치 이후 북한은 되돌아올 수 없는 다리를 건넜다는 입장이다. 반면에 북한 당국은 경제 · 사회의 변화를 통제하고 있어 북한 당국이 의도하지 않은 시장경제화는 불가능하다는 입장이 있다. 따라서 북한의 개혁 · 개방을 전망하기 위해서는 이러한 자연발생적인 변화보다는 북한 정부의 입장 변화가 더욱 중요한 변수가 된다.

북한 정부는 개혁 · 개방으로 인한 편익이 비용보다 많은 경우에만 변화를 선택할 것이다. 따라서 북한의 변화를 전망하기 위해서는 개혁 · 개방으로 인한 편익과 비용이 무엇인지, 또 시점에 따라 어떻게 변화하는지를 알아야 한다. 개혁 · 개방의 계량화된 비용편익분석은 불가능한 일이겠으나 최소한 시점별 순편익(편익-비용)의 변동 추이를 알아보고 개혁 · 개방의 가능성이 가장 높은 시점을 상정해볼 수는 있을 것이다.

이하에서는 비용편익분석 시점을 크게 네 단계로 나누어 살펴보겠다. 1단계는 6자회담의 큰 골격이 타결된 현재 단계이며, 2단계는 핵 문제의 해결을 위한 보다 세부적인 사항까지 타결된 상태이다. 3단계는 북한 핵 문제가 완전히 해결되는 경우이며, 4단계는 북 · 미 수교와 한반도 평화체제가 정착되는 상황을 말한다. 현재까지 북한이 본격적인 개혁 · 개방을 취하지 않고 있다는 점에서 아직까지는 변화의 비용이 편익을 상회하고 있다고 해석할 수 있다. 실제로 개혁 · 개방정책을 추진하는 것은 보다 다양한 고려를 바탕으로 하지만 이하의 논의에서는 이를 단순화하여 개혁의 편익이 비용을 상회하는 즉시 개혁을 추진한다고 가정한다.

먼저 개혁 · 개방 등 경제적 변화의 편익은 ① 시장경제적 인센티브 시스템 도입으로 인한 북한 내부의 생산력 복원, ② 외국인 직접투자(FDI) 유치, ③ 개혁 · 개방을 조건으로 한 외부의 경제지원 등 세 가지로 요약할 수 있다. 북한이 개혁 · 개방을 추진할 유인은 핵 문제가 해결되면서 더욱 커지게 될 것이라고 예측할 수 있다. 핵 문제가 해결되면서 외국인 투자와 국제사회의 지원이 증가할 것이며 개혁 · 개방을 할 경우 이를 활용할 여지가 더욱 커지기 때문이다.

첫째, 본격적 개혁 · 개방이 북한 내부의 생산력을 복원하는 효과는 앞으로 더욱 커질 것이다. 앞으로 북한 내부의 생산력은 약화될 것이며 이에 따라 개혁 · 개방의 필요성이 높아질 것이기 때문이다. 현재 북한은 자본재의 감가상각을 상쇄할 정도의 자본축적도 못 하고 있는 것으로 전해지고 있다. 둘째, 외국인 직접투자는 핵 문제가 완전 해결되는 3단계에 도달해서야 급격하게 늘어날 수 있으며, 그 이전에는 북한이 개혁을 추진한다고 해도 외국인 직접투자가 별로 일어나지 않을 것이다. 물론 그 규모는 북 · 미 수교가 이루어지는 단계에서는 더욱 확대될 것이다. 개성공단을 중심으로 한 남한의 투자는 6자회담과 크게 관련 없이 진행될 것이나 핵 문제가 해결된 이후 더욱 활성화될 것이라는 점은 외국인 투자와 동일하다. 셋째, 북한을 제외한 6자회담의 당사국이 북한의 개혁 · 개방에 대한 대가로 제공하는 경제지원은 앞으로 계속 증가할 것이다. 그러나 6자회담이 완전 타결되는 2단계 이후가 되어야 북한의 변화를 촉진하는 다양한 경제지원이 본격적으로 논의될 것이다.

한편 북한이 제도개혁을 선택할 경우 ① 군부 등 북한 내부 강경파의 반대로 인한 정치 불안정, ② 동유럽권에서 보듯이 시장경제 실험이 북한 경제를 더욱 어렵게 만들 가능성, ③ 남한 등 주변국가에 경제적인 예속이 강화될 가능성과 같은 '비용'이 발생하게 된다. 이와 같은 제도개혁의 비용은 각 시점에 따라 어떻게 변화할 것인가?

첫째, 북한 내부의 정치적 안정성은 핵 문제 해결이 진전되면서 강화될 것으로 생각된다. 현재로서 북한의 제도개혁을 막는 가장 중요한 고려사항은 내부의 정치적 안정성이 아닌가 한다. 아직까지 유훈통치의 그늘을 못 벗어나고 있는 김정일 위원장에게 제도개혁은 피하고 싶지만 불가피한 도박일 수밖에 없다. 현재 김정일 위원장은 북한에 대한 통제력을 유지하고 있는 것으로 보이지만 보수파를 완전히 장악하지는 못했다는 분석도 제기되고 있다. 그러나 6자회담의 완전 타결, 핵 문제 해결 등 일련의 과정은 김정일 위원장의 내부 통제력 강화와 동시에 진행될 것이다. 이에 따라 각 단계가 진행될수록 제도개혁에 따른 내부의 정치적 부담은 줄어들 것으로 봐야 한다.

둘째, 시장경제 실험으로 인해 내부경제가 혼란스러워질 가능성은 다소나마 줄어들 것으로 보인다. 북한이 향후 시장경제적 변화를 전혀 추구하지 않는다면 북한의 경제적 어려움과 왜곡은 시간이 지나면서 더욱 커질 것이다. 이런 경우에는 제도개혁을 서두르는 것이 비용을 줄이는 방법이 될 것이다. 반면에 북한이 점진적으로나마 시장경제적 개혁을 지속적으로 추진하는 경우에는 어느 정도의 준비를 선행시킨 후 본격적 제도개혁을 추진하는 것이 비용을 줄이는 방법이 될 것이다. 북한은 7.1조치 이후 점진적으로나마 변화를 모색하고 있는 것으로 보인다. 이것이 시장경제화로 가는 준비라고 볼 수는 없으나 북한 주민들이 시장경제적 요소에 익숙해져가고 있는 것은 사실이다. 따라서 시장경제화로 인한 경제적 혼란 가능성은 핵 문제 해결이 진전되면서 다소나마 약화되어갈 것으로 보인다.

셋째, 북한이 개방되면 북한에 대한 주변국의 경제적 영향력은 자연히 강화될 것이다. 북한은 경제적 독립성이 훼손되는 것을 감수하면서 제도개혁을 해야 한다는 점을 잘 알고 있다. 그러나 시간이 지나면서 주변국에 경제적으로 예속될 우려는 줄어든다고 볼 수 있다. 주변국에 대한 경제적 예속이 문제가 되는 것은 주변국이 북한에 대하여 적대적일 경우이며, 그렇지 않은 경우에는 북한도 경제적 독립성의 상실을 어느 정도 용인할 수 있을 것이다. 북한에 대한 주변국의 태도는 1단계에서 4단계로 가면서 점차 개선될 것이므로 시간이 지날수록 북한이 개혁·개방할 경우의 비용은 줄어든다고 할 수 있다.

이상의 논의를 종합하면 북한이 제도개혁을 추진할 경우 시간이 지나면서 편익은 증가하고 비용은 감소한다는 결론을 도출할 수 있다. 특히 6자회담이 타결되면 이러한 현상이 가속화되어 핵 문제가 해결되는 단계에서는 본격화될 것으로 기대된다. 북한으로서는 외국인 투자, 경제지원 등 제도개혁의 편익이 크게 증가할 것이며 내부의 정치안정, 주변국의 적대성 감소 등으로 제도개혁의 비용도 감소하게 될 것이기 때문이다. 다시 말해 핵 문제가 해결되면서 북한이 제도개혁을 추진할 가능성은 더욱 커질 것이다.

그렇다면 제도개혁의 가능성이 실현되는 것은 언제가 될 것인가? 지금은 본격적인 개혁이 일어나지 않고 있으므로 일단 개혁에 따른 비용이 편익보다 큰 상태라고 할 수 있다. 그러나 그 차이는 그렇게 크지 않다고 생각된다. 북한이 7.1조치, 신의주 특구 등의 조치를 내어놓은 것을 봐도 알 수 있다. 향후 제도개혁의 비용과 편익의 차이는 지속적으로 축소되어 갈 것이다. 과연 어느 단계에 가서 경제적 변화의 편익이 비용을 앞지를 수 있을 것인가?

그 시점은 핵 문제가 완전히 해결되는 단계가 될 것으로 예측된다. 편익 측면에서 보면 핵 문제가 해결되기 이전까지는 외국이 북한의 태도에 의구심을 가지고 있을 가능성이 높으며 경제지원도 본격화되지는 않을 것으로 보이기 때문이다. 비용 측면에서도 핵사찰이 끝나기 이전에는 김정일 위원장이 내부의 정치상황을 완전히 통제했다고 보기는 어렵다. 종합하면 북한 핵 문제가 완전 해결되는 단계가 되면 북한이 제도개혁을 할 편익은 크게 증가하고 비용은 크게 감소하여 본격적인 제도개혁을 추진할 가능성이 매우 높다.

3. 북한의 제도개혁과 주변국의 역할

1) 남한의 역할

우리는 북한의 경제제도 개선에 맞추어 북한지역재건계획을 실천해나가야 할 것이다. 북한지역재건계획의 기본방향은 대북투자를 확대하는 것이며, 이를 위해서는 임금 수준을 안정적으로 유지하고 사회간접자본 등 투자 여건을 개선하는 것이 가장 중요하다. 특히 노동집약적 산업을 집중 육성하는 것은 남한의 산업구조 조정과 맞물려 매우 효과적인 방법이 될 것이다. 특히 남한의 중소기업이 북한에 진출하기 위해서는 정부의 다각적인 지원정책이 필요할 것으로 생각된다. 그러나 북한의 각종 사회간접자본과 제도적 취약점이 제약조건이 되고 있다. 이런 점에서 남북경협을 위한 정부의 역할이 확대될 필요가 있다. 남북경협은 기업 차원의 경제적 이득 이외에도 한반도의 정치적 안정, 통합 후의 남한의 재정부담 경감 등 많은 외부효과를 가지고 있다. 민간 차원의 경제협력과 사회간접자본 등 정부개입이 필요한 부문을 구분하여 북한과의 경제개혁 지원에 보다 적극적으로 나설 필요가 있음을 강조하고 싶다.

이러한 점에서 남북협력기금이 확대될 필요가 있다. 1990년대에는 인도적 사업에 대한 지원이 전체 지원액의 90%가 넘었으나 최근 들어 이 비중은 점차 약화되어 2007년에는 56%로 낮아졌다. 대신 철도 · 도로 연결, 기업대출 부문이 43%로 큰 비중을 차지하게 되었다. 향후 인도적 사업에 대한 지원도 지속해야 하지만, 경제협력과 북한의 경제개혁 지원에 더 많은 비중을 둘 필요가 있다고 판단된다.

〈표 4-3〉 남북협력기금의 용도별 지출(남북협력계정) (단위: 억 원)

구분		1991~2000	2001	2002	2003	2004	2005	2006	2007	합계
인도적 지원	쌀	2,721	190	1,058	1,897	1,124	1,985	102	1,462	10,539
	비료	1,283	639	833	836	966	1,264	1,200	962	7,982
	이산가족	38	13	20	30	32	133	99	269	634
	기타 인도적*	449	337	302	329	155	410	863	1,253	4,099
	소계	4,491	1,179	2,213	3,092	2,277	3,792	2,264	3,946	23,254
남북 경제 협력	철도·도로	146	898	670	1,121	1,104	1,978	888	635	7,441
	기업대출	-	461	357	162	298	171	389	1,102	2,940
	개성지원	-	-	-	-	69	263	771	770	1,873
	기타 기반**	62	-	5	1	27	79	92	505	770
	소계	208	1,359	1,032	1,284	1,498	2,491	2,140	3,012	13,024
사회 문화 교류	인적왕래	3	3	237	11	10	38	53	17	372
	사회문화	30	1	-	7	32	75	74	69	287
	계	33	4	237	18	42	113	127	86	659
합계		4,731	2,542	3,482	4,395	3,817	6,395	4,531	7,044	36,937

* 국제기구와 민간단체를 통한 대북지원, 대북수해지원 등.
** 임진강 수해방지 및 백두산, 금강산 도로포장 등.
출처: 통일부 내부자료.

2) 제3국의 역할

북한은 핵 문제 해결 이후 본격화될 것으로 보이는 제도개혁에 대비하여 지금부터 필요한 조치들을 취해나가야 한다. 시장경제개혁이란 생활습관의 변화와 마찬가지로 시간이 소요되는 일이므로 이에 대비하는 것은 아무리 빨라도 지나치지 않다는 점을 강조하고 싶다. 관련국은 북한의 본격적인 변화가 핵 문제가 완전 해결되는 시점부터 시작될 것이라는 점을 알아야 한다. 북한이 변화의 필요성을 느끼고 있음에도 불구하고 핵 문제가 완전히 해결되기 전에는 쉽게 시장경제화를 선언하기는 어렵다는 사실도 알아야 한다. 그전에 북한의 변화를 재촉하거나 유도하기 위해 작위적인 전략을 구사하는 것도 도움이 되지 않을 것이다.

지금은 북한이 수용할 수 있는 불가역적인 시장경제화 프로그램을 준비해야 할 시점이다. 6자회담 타결 이후 국제금융기구가 경제지원에 대한 대가로 북한에 급진적 시장경제화를 요구하고 북한이 이를 거부할 경우 북한의 제도개혁이 지연되는 문제가 발생할 우려가 있기 때문이다. 이러한 연구가 북한과 공동으로 추진된다면 더욱 의미가 깊을 것이다. 아울러 관련국은 북한과 시장경제 관련 지식협력을 강화해야 한다. 자료교환, 장·단기 연수 및 연수지원, 학술회의, 산업시찰, 학생 및 연구자 교환, 공동연구, 상호 교육기관 내 과정 개설 및 개설지원, 교육기관의 설립 등 지식협력의 범위는 매우 넓다. 북한이 향후 추진할 시장개혁을 준비하기 위하여 북한이 필요로 하는 지식을 전달하는 일은 현시점에서 우리가 할 수 있는 최선의 방책이다.

북한 핵 문제는 북한의 안전보장을 둘러싼 협상 게임이므로 안전보장과 직접적인 관련이 없는 전반적인 대북경제지원을 패키지로 논의하는 것은 바람직하지 않다. 북한에 체제안전을 보장하는 대신 핵개발 계획의 폐기를 요구하듯이, 대북경제지원을 북한의 제도개혁과 맞바꾸어야 하는 것은 당연한 것이다. 이와 같이 경제지원을 조건으로 북한의 변화를 요구하는 것은 북한의 제도개혁을 앞당기는 길이기도 하다. 물론 이때 북한에 요구할 제도개혁의 내용은 북한이 수용할 수 있는 수준이어야 한다.

대북경제지원과 북한의 제도개혁을 6자회담의 패키지 의제로 논의하면 북한의 경제적 변화를 앞당길 것이라는 주장도 있으나, 이는 오히려 6자회담의 타결을 지연시킬 가능성이 있어 바람직하지 않다고 본다. 북한이 핵 문제를 완전히 해결하기 전에는 본격적인 제도개혁을 하지 않을 가능성이 높은 시점에서 굳이 북한의 제도개혁을 미리 회담 의제로 올려놓을 필요는 없다. 오히려 북한이 받아들일 수 있는 제도개혁의 폭을 작게 할 것이며, 또 이행하기도 쉽지 않을 것이기 때문이다. 그보다는 핵 문제와 체제보장 문제에 초점을 맞추어 6자회담을 일단락 지은 후에 본격적으로 북한의 제도개혁과 경제지원을 연계하는 회담을 시작하는 것이 어떨까 한다.

북한으로서는 제도개혁을 어느 정도 진전시켜놓았을 경우 서방이 이를 출발선으로 놓고 더욱 강력한 제도개혁을 요구할지 모른다는 두려움을 가질 수 있다. 이에 따라 북한은 다른 조건이 동일하다면 제도개혁을 경제지원 협상의 카드로 쓰기 위해 경제적 변화를 고의로 지연시킬 가능성이 있다. 이런 점에서 보면 북한에게 향후 요구할 경제개혁의 내용에 대한 연구가 활발히 이루어질 필요가 있다. 북한에게 미리 준비할 수 있는 시간을 주고 불필요한 두려움 때문에 제도개혁을 지연시키는 문제를 막기 위해서다. 이런 점에서도 북한에 대한 시장경제 관련 지식협력은 매우 큰 의미가 있다고 생각된다.

별첨 1. 구사회주의권의 체제전환 경험

동유럽의 구사회주의 25개국은 1990년 이후의 체제전환 과정에서 매년 평균 −8~10%의 경제후퇴를 경험하였다. 동유럽권의 경제개혁이 시작된 1989년과 그 후 10년이 지난 1999년의 실질 GDP를 비교할 때 1999년 수준이 1989년 수준을 초과한 나라는 폴란드, 슬로베니아, 슬로바키아 3개국뿐이었다. 동유럽권과 중앙아시아의 25개 체제전환국의 1999년 평균 실질 GDP는 1989년의 71%에 불과하였다. 특히 구소련 연방 12개국의 경우에는 그 수치가 54%에 불과하여 10년 동안 경제성장은 고사하고 실질 GDP가 거의 절반으로 떨어지는 어려움을 겪었다.

이러한 경제침체는 시장경제와 관련된 경험과 제도적 장치가 없는 상태에서 급격한 개혁을 실시한 결과이다. 특히 정부의 보조금이 폐지된 상황에서 급격한 무역자유화와 민영화로 인하여 대부분의 구사회주의 기업이 경쟁력을 상실한 것이 주요 요인이었다. 소비자의 기대심리는 높아가는 반면 가격자유화와 기업생산력 감소로 인플레이션이 유발되었던 것이 체제전환국의 공통적인 현상이었다.

이와 같이 급격한 체제전환이 시도된 데에는 몇 가지 배경이 있었다. 먼저 국민들이 시장경제로 전환할 것을 강하게 요구하였던 것이 한 이유였다. 대체로 경제난을 겪고 있던 구사회주의 국가에서 시장경제 개혁은 만병통치약으로 기대를 모았던 것이 사실이다. 또한 정치적 민주화의 수단으로 구공산당 세력을 일소하기 위해 급격한 개혁조치를 취한 측면도 있었다. 아울러 국제금융기구가 자금공여를 조건으로 급격한 시장경제 개혁을 요구한 것도 하나의 요인으로 작용하였다.

반면에 중국은 점진적인 개혁을 추구하여 개혁 초기 10여 년 동안(1978~1992년) 연평균 9.2%의 경제성장을 이룩하였고, 그 후에도 연평균 10%의 경제성장을 보였으며, 인플레이션도 11% 수준으로 안정적으로 유지되었다.

중국의 경우 농업개혁이 성공하여 내자 동원이 가능했으므로 점진적 개혁으로도 초기자본 조달에 성공할 수 있었던 것이다. 한편 베트남의 경우 농업부문은 이미 자영농화되어 있어 자본축적이 곤란했다. 이에 따라 외자유치를 위해 다소 급진적인 개혁을 시행했는데 이는 성공을 거두었다. 과거에 이미 시장경제 경험을 가지고 있었던 것은 베트남이 중국에 비해 급진적인 경제개혁을 성공하게 만든 요인이었다. 따라서 북한이 베트남과 같은 급진적인 개혁을 펼 수 있을 것이라고 보기는 어렵다.

IMF, World Bank와 같은 국제금융기구는 체제전환국에 예외 없이 경제의 투명성과 급격한 시장경제화를 요구하는 경향이 있다. 이러한 처방은 국제금융기구가 남미의 경제위기 처방에서 제시했던 소위 '워싱턴 합의(Washington Consensus)'의 연장선상에서 제시된 것이다. 동유럽권에 대한 국제금융기구의 처방에 대해서는 아직 찬반양론이 존재한다. 그러나 북한과 같이 시장경제를 경험하지 않은 국가에 급격한 체제전환을 요구하는 것은 동유럽권의 사례처럼 경제위기를 초래할 우려가 높다고 본다. 더욱이 북한이 동유럽권과 같은 급격한 시장경제화를 수용할 가능성은 희박하다. 북한은 동유럽권에 비해 훨씬 경제왜곡이 심한 상황이며 남한에 경제적으로 종속되는 것을 우려하고 있기 때문이다.

별첨 2. 베트남의 비전 2020과 사회 · 경제 발전전략*

베트남은 많은 어려움에도 불구하고 생산성 향상, 세계경제로의 통합, 양적 · 질적 삶의 향상 등 괄목할 만한 성과를 이루어냈다. 지난 10년간 GDP는 2배 이상 증가했고, 다른 사회 · 경제 지표들도 놀라운 성장을 보여주었다. 그러나 적절한 지도력과 규제의 부족으로 경제의 낮은 효율성이나 각 부분의 비경쟁력, 교육의 질, 거시경제의 불확실성 등 아직도 개선해야 할 취약점들이 많다. 특히 사회 전반적으로 민주주의 경제에 대한 개념이 명확하게 확립되어 있지 않아 비효율적인 정부 관행이 성장의 발목을 잡고 있는 실정이다. 베트남은 2001~2005년까지를 세계 경제에 통합하기 위한 준비단계로 보고, 2006~2010년 중에는 WTO에 가입하고 대외개방을 확대하여 2011~2020년까지 경제통합의 질을 높여나가고자 하고 있다.

베트남은 2010년까지 일단 저개발 상태를 벗어나 발전의 기반을 닦는 것을 목표로 한다. 구체적으로는 2010년까지 2000년 GDP의 최소 2배 이상의 성장, 저축률 30% 달성, 수출 배가를 목표로 삼는다. 그러기 위해서 인력개발과 교육투자를 통해 기술인력 양성을 추구한다. 경제특구의 발전이 경제성장률보다 상회하도록 하여 다른 여타 지역의 발전을 주도하게 한다. 내생적인 발전 잠재력을 높이기 위해 과학기술인력을 양성한다. '번영된 국민, 부강한 국가, 민주 · 정의사회'라는 슬로건 아래 개발을 위한 사회 · 문화적 분위기를 조성한다. 빈곤을 퇴치하고 사회적인 인프라를 구축하기 위한 법적 기반을 정비한다. 경제개발의 중심을 산업화를 위한 기반 다지기에 둔다. 국가의 내부적 · 외부적 역량을 경제개발에 집중하고, 모든 자원을 최대한 활용하기 위한 정책을 세운다. 경제적 독립성을 유지함과 동시에 국제 경제 · 사회

---

* Anh Son LE, Development Strategy Institute of Vietnam, "Vietnam Vision 2020 and Socio-economic Development Strategy 2001-2010," a paper presented in the International Forum on National Visions and Strategies, jointly organized by KDI School, World Bank, OECD and Ministry of Finance and Economy, May 2002를 요약한 내용임.

통합을 위해 교류를 활성화한다. 경제적 독립을 위해 사회주의 개발경제정책에서 사회주의 시장기구의 설립과 거시경제적 안정성을 유지할 필요가 있다. 이와 함께 국가 방위 안보 속에서 사회·경제 개발을 꾀한다.

농업, 임업, 수산업과 과학기술 개발을 통해 생태계 조건에 맞춘 농촌 경제를 산업화하고, 기계화를 통해서 고용을 창출한다. 식량생산계획을 수요와 수급에 맞추어 조절한다. 수질을 보호하고 수자원 관리 시스템을 강화하여 홍수 피해를 최소화한다. 지방 산업을 육성하기 위해 장인마을 등의 농촌지역과 수출 시장의 연계를 강화한다. 공업과 건설업 수출 지향적인 발전을 위해 공업 분야의 경쟁력을 향상시킨다. 중공업 분야를 선별하여 지원하고, 소프트웨어 산업에 우선순위를 두어 IT 산업을 발전시킨다. 필요한 방위산업을 개발하고 산업공단 조성과 개방적인 수출공정지역 등을 구획하여 중소기업의 다양한 교역 경로를 확보한다. 한편 국내외의 건설 수요에 부응하기 위해 선진기술을 도입한다. 아울러 경제개발에 따라 늘어나는 에너지 수요를 충당하기 위해 가스, 석유, 석탄 등 여러 분야에서 균형 잡힌 개발을 유도한다. IT 기술을 이용하여 사회 각 부분 간의 커뮤니케이션을 개발한다. 국립 고속도로와 호치민 고속도로 완공을 시작으로 하여 메콩 지역과 다른 지역과의 연계를 강화한다. 서비스 산업 역시 매우 중요하다. 국내 시장의 팽창과 국제 경제·사회로의 통합을 위해 상업을 발전시키고, 트레이드 센터, 시골 시장 등을 형성하고, 운송 및 우편 전산 서비스를 개발한다. 자연조건을 이용하여 관광산업을 개발하고 금융 서비스 산업의 확장을 꾀한다.

도시지역은 공업과 서비스업을 육성하고, 특히 지식기반경제를 선도한다. 대도시를 중심으로 현대적인 농업 벨트를 형성하고 계획에 따라 인프라를 구축한다. 저지대 향촌지방은 다양한 생태조건에 맞는 농업을 개발하고, 농업인력 감소에 대비해 수산업 등 여타 1차 산업과의 네트워크를 강화한다. 중간지대와 산악지역에는 장기간 재배해야 하는 곡물이나 낙농업을 육성하고 산림을 보호한다. 해양과 섬 지방은 대륙붕에 거점을 둔 발전전략을 마련하여 석유와 가스 자원 개발에 역점을 둔다.

시장경제의 도입은 물론 가장 중요한 발전전략이다. 다양한 소유 형태를 가진 다각적인 경제개발을 추진한다. 법적 제도를 쇄신하여 자원의 효율적 활용을 방해하는 행정적인 걸림돌을 제거하여 모든 기업이나 시민이 기업에 투자할 수 있는 여건을 마련한다. 혁신적으로 발전을 거듭하는 정부 주도 경제 섹터가 경제에서 지도적인 역할을 하게끔 한다. 공기업의 효율성을 높이기 위해 유한 책임의 주식회사 형태를 도입하고 민간 경제주체의 자주성을 보장한다. 동시에 다양한 형태로 협력하고 있는 집체 경제 섹터 역시 개발하여 경제의 다양한 생산 형태로 확장하는 것을 용이하게 한다. 개인 혹은 소규모 소유 경제 섹터, 사적 자본 경제주체, 공공 분야 자본 투자가, 외국인 투자 집단 역시 경제개발에서 역동적인 역할을 하도록 권장한다.

시장경제 원리가 원활히 작동되도록 하기 위해 정부의 간섭을 최소화하고 합리적인 규율을 제정하며 행정절차를 간소화한다. 또한 국가의 금융통화정책을 혁신하고 금융기관을 다각화하며 저축률을 향상시킨다. 세제개혁을 통해서 투자하기 좋은 환경으로 만들고 사회적 형평성을 확보한다. 정부 예산의 구조조정을 통해서 중앙정부의 주도 아래 분권화를 이루고 보조금을 삭감한다. 기업의 독립성을 보장하기 위해 정부 재정과 기업 재정을 분리하며, 차관의 도입은 엄격히 규제한다. 통화정책의 발전을 촉진하고 베트남 통화의 완전한 태환성을 실현시킨다. 건강하고 투명한 금융 환경을 조성하여 기업과 개인의 자금 수요에 편의를 제공하고 채무자의 책임과 채권자의 권리보호를 위한 법적인 제도를 정비한다. 은행 시스템 개혁을 통해 정부은행과 상업은행, 정책은행으로 분화한다.

대외경제관계의 확대와 실적 개선에도 힘쓰며 국산품의 국제 경쟁력을 높인다. 중간재 생산은 줄이고 최종재와 특산품 수출 비율을 늘리며, 점진적으로 지식기반의 기술집약적 제품을 늘려 나간다. 한시적이지만 국산품에 대한 보호정책을 편다. 선진 경영기법을 받아들여 마케팅 능력을 향상시키고 외교 사절과 국제기구 등을 이용해 무역을 증진시킨다. 투자를 촉진하기 위해 대내외 법적·정책적 환경 차이를 점차 철폐하고 해외에 있는 베트남 교포들의 투자와 국내기업의 해외투자를 장려한다. 국제기구나 다른 국가 정부, 비정부기관 등으로부터의 재정지원을 지속시킨다.

제 5 장

한반도 경제공동체 형성을 위한 재원조달

1. 한반도 경제공동체와 재원조달 문제
2. 재원조달의 특징과 이행경제로부터의 시사점
3. 남한에서의 재원조달
4. 해외에서의 재원조달
5. 한반도 경제공동체 형성을 위한 재원조달과 남한의 역할

1. 한반도 경제공동체와 재원조달 문제

이 장에서는 한반도 경제공동체의 형성과 관련된 재원조달 문제를 검토한다. 현재 우리 경제는 남북관계 발전과 남북교역 확대를 뒷받침하기 위해 다양한 금융지원제도를 갖추고 있다. 1990년 이후 우리 정부가 재정자금을 토대로 남북협력기금을 설치하여 운용해온 것이 대표적인 사례라고 할 수 있다. 실제로 남북협력기금은 남북한 주민의 접촉과 왕래, 이산가족 상봉과 같은 인도주의적 사업뿐만 아니라 각종 남북경협사업이나 남북한 간의 철도 및 도로 연결과 같은 북한개발사업을 대상으로 하여 다양한 유상 또는 무상의 자금지원을 하고 있다.[1] 따라서 향후 남북한 간의 경제협력이 더욱 확대되어 자동차나 통신과 같은 우리 주력산업의 대북진출이 가시화되는 경우에도 이러한 기존 제도를 통한 지원활동은 여전히 중요한 기능을 수행할 것이다. 그러나 이러한 지원제도가 향후 본격적인 한반도 경제공동체의 형성이라는 관점에서도 과연 충분한 것인지는 검토할 필요가 있다. 무엇보다 이들 제도의 대부분이 정부의 재정자금이라는 공

1. 현재 남북협력기금은 ① 남북한 간 주민 왕래 및 문화, 학술, 체육 교류 등과 같은 인적교류에 대한 무상지원, ② 남북교역 및 경협사업 등 경제교류에 대한 융자, 손실보조, 채무보증, ③ 남북한 당국 간 합의사업 등 민족공동체 회복을 위한 협력사업에 대한 지원, ④ 남북교류협력사업을 지원하는 금융기관에 대한 융자자금지원, 소실보전, 미결제 채권 인수, 북한 원화의 인수 및 매각지원 등의 사업을 시행하고 있다.

공자금만으로 충당됨으로써 이를 확대하는 데 한계가 있고, 국제적인 시각에서 보면 한반도 경제공동체를 형성하기 위해 필수적인 북한 개발에 대한 지원체계가 전무한 실정이기 때문이다. 따라서 이 장에서는 향후 한반도 경제공동체의 형성과 이에 필요한 북한의 경제개발을 위해 남한과 해외로부터 공적자금이나 민간자금을 어떤 경로를 통해, 어떤 방법으로 조달할 수 있는지를 검토한다.

형식 논리적으로 한반도 경제공동체와 북한의 경제개발을 위한 재원조달 경로는 크게 ① 남한으로부터의 재원조달, ② 북한에서의 재원조달, ③ 남북한이 각각 또는 공동으로 해외로부터 재원을 조달하는 방법으로 나누어볼 수 있다. 그런데 이 가운데 북한에서의 재원조달은 사실상 매우 힘들거나 불가능하다고 보는 것이 현실적이다. 현재의 피폐된 북한의 경제상황으로 볼 때 국내 저축을 동원하는 것은 한계가 있고, 국유자산의 사유화와 같은 재원조달 방법 역시 북한의 완고한 사회주의적 계획당국자가 건재하다는 점에서 당분간은 비현실적이라고 보는 것이 타당하기 때문이다. 따라서 여기에서는 남북경협과 관련된 재원조달 경로를 다음과 같은 방식으로 검토한다. 우선 재원조달 경로를 크게 남한에서의 조달과 해외에서의 조달로 양분하여 검토하고, 현실적으로 중요성이 크지 않은 북한에서의 조달 경로에 대해서는 별다른 분석을 수행하지 않는다. 또한 남한에서의 조달 경로를 제외한 해외조달 경로의 경우 북한의 특수성을 감안하여 그 실현성 여부에 주목하여 분석하기로 한다. 무엇보다 이 경우 해외조달을 가능하게 하기 위해서는 남한 정부가 어떤 역할을 수행해야 하는가를 동시에 분석하기로 한다.[2]

---

2. 실제로 북한은 2004년 현재 1인당 공식 GDP가 500달러 내외에 불과한 빈곤국가라는 점에서 자체적인 재원조달은 거의 불가능하다고 보아도 크게 틀리지 않을 것이다. 더욱이 북한은 현재 국제사회에 상당 수준의 외채를 상환하고 있지 않을 뿐만 아니라, 이로 인해 북한의 대외거래 규모 역시 매우 미미한 실정이다. 이는 향후 남북경협을 위해 해외에서 자금조달을 시도하는 경우에도 그 실현성에 상당한 장애가 있다는 것을 의미한다. 이렇게 보면

2. 재원조달의 특징과 이행경제로부터의 시사점

현재 우리는 향후의 한반도 경제공동체 형성과 북한 개발을 위해 국제금융기구를 비롯한 해외의 경제주체들이 적극적으로 북한에 진출해줄 것을 기대하고 있다. 북한 역시 해외로부터의 자금조달에 상당한 관심을 기울이고 있다. 그런데 이러한 상황은 구사회주의 또는 이행경제의 발전에 소요되는 재원의 조달이라는 측면에서 독특한 것이다. 실제로 지금까지 이행경제의 발전과 관련된 재원의 조달에는 크게 세 가지 형태가 있었다. 첫째는 동독 유형이다. 독일의 통일 과정에서 동독은 서독이라는 강력한 경제적 후원자가 존재했으며, 이 후원자가 통일과 관련된 거의 모든 비용을 홀로 감당하였다. 둘째는 동유럽 유형이다. 이 경우는 국제금융기구를 비롯한 해외의 경제주체들이 경제발전에 필요한 재원조달의 상당 부분을 담당하였고, 이에 따라 동유럽의 경제발전은 이들 해외의 주체들에 의해 크게 영향을 받았다. 세 번째는 중국 유형이다. 중국은 강력한 사회주의 정부가 국내 저축과 해외 저축을 효과적으로 조화시켜 재원 문제를 스스로 해결했다는 점에서 동유럽이나 동독과 같은 외부의 영향력을 거의 받

향후 한반도 경제공동체 형성을 위한 재원조달에 있어 남한의 역할은 비단 국내적인 자원을 동원하는 것에 그치지 않고, 북한이라는 특수한 국가를 위해 어떻게 해외의 자원을 효율적으로 모집하는가에 초점이 맞추어져야 할 것이다.

〈표〉 재원조달 관점에서 본 북한의 기초경제상황

구분	1997	1998	1999	2000	2001	2002	2003	2004
GDP 증가율(%)	2.2	0.5	0.1	3.2	3.9	3.2	7.7	4.0
1인당 GDP(달러)	464	458	454	464	478	490	524	546
상품수출(백만 달러)	914	858	859	877	885	908	920	948
상품수입(백만 달러)	1,038	917	918	933	939	988	1,008	1,029
무역적자(백만 달러)	124	59	59	56	54	80	88	81
인구(천 명)	23,313(2002년 말 현재)							

자료 : 북한 조선중앙통계국의 UN 제출 자료.

지 않았다. 이렇게 볼 때 북한은 독특하다고 할 수 있다. 우선 북한은 과거 동독과 서독의 관계와 마찬가지로 남한이라는 후원자가 존재하며, 이 후원자가 북한의 경제발전을 위한 재원조달의 상당 부분을 담당할 것이다. 그렇지만 이것이 절대적인 것은 아니다. 국제금융기구를 비롯한 해외로부터의 재원조달 역시 중요하기 때문이다. 더욱이 북한은 중국과 같이 자체적으로 재원 문제를 해결할 능력이 있는 것도 아니다. 따라서 향후 북한의 재원조달 문제는 남한이라는 후원자와 국제금융기구로 대표되는 해외의 영향력을 양 축으로 하여 전개될 것이 분명하다. 이러한 상황이 무엇을 의미하는지 보다 구체적으로 살펴보기 위해 이제까지 각 이행경제에서의 실제 재원조달 경험을 검토하고, 그 시사점을 알아보기로 한다.

1) 독일의 경험

1989년 동유럽의 사회주의 정권이 막을 내리면서 동독과 서독은 예기치 못하게 급속한 통일을 이루었다. 이러한 급속한 통일 과정에서 동독 정부가 사라짐으로써 독일의 통일 과정은 전적으로 서독 정부가 주관하게 되었고, 그 결과 통일에 수반되는 제반 비용 역시 서독 정부가 거의 모두 부담했다. 실제로 서독 정부는 막대한 통일비용을 다양한 방법으로 조달했는데, 크게 보면 ① 서독의 기존 재원조달제도를 확장하여 동독에 적용하는 방법, ② 기금과 같은 새로운 재원을 창설하는 방법, ③ 민간이나 기타 재원을 이용하는 방법 등으로 구분된다.[3]

---

3. 독일 정부는 통일 직후인 1994년에 통일 과정과 통일 후 각 분야에서의 통합상황, 구동독 지역의 재건 현황 등을 집대성한 공식 보고서로서 『독일통일과 신연방주 재건에 관한 자료집(Mterialien zyr Deutschen Einheit und zum Augbau in den neuen Bundeslandern)』을 발간한 이후 매년 유사한 보고서를 발간하여 의회에 보고하고 있다. 이러한 독일 통일 과정에 대한 보고서들은 매년 통일부에 의해 『독일통일백서』라는 이름으로 번역되고 있으며, 여기에서의 논의는 이렇게 번역된 각 연도 『독일통일백서』의 내용을 주로 참고하였다.

우선 서독 정부는 기존의 재원조달방법을 보다 확대하여 동독에 지원하는 방안을 모색하였다. 일차적으로 독일연방에 새로 편입하는 구(舊)동독의 여러 주들을 연방재정에서 직접 지원을 하였다. 이러한 연방재정에서의 지원 과정에서 (구)동독의 주(州)들은 재정이 취약한 서독 주들에 비해 많은 우대를 받았다. 예를 들어, 이들은 다른 서독의 주들과는 별도로 '동독 부흥협력 프로그램'을 실시하기 위한 추가적인 재정지원을 받았을 뿐만 아니라 연방 주 간의 부가가치세 재배분 과정에서도 우대를 받았다. 한편 서독 정부는 연방정부의 직접적인 재원이전과 더불어 서독 지역의 실업보험과 연금보험 등을 동독 지역으로 확대함으로써 이들에 대한 사회보장 재원 역시 마련하였다. 그리고 통일 당시 서독 정부는 각종 기금과 별도 예산을 일종의 준공공예산으로 운영했는데, 이러한 준공공예산 역시 동독 지역으로 확대되어 통일비용을 조달하는 중요한 수단이 되었다. 이 가운데 대표적인 것으로는 유럽부흥계획(ERP) 특별기금, 연방우체국 및 철도 예산, 전력생산용 무연탄 가격 보상기금 등을 들 수 있다.

기존 제도의 확대와 더불어 새로운 제도의 창설을 통한 재원조달 역시 시도되었다. 우선 연방정부와 서독의 각 주 및 지방 정부들이 상호 재원을 염출(捻出)하여 동독 지역을 위한 '독일통일기금(German Unity Fund)'을 설치하였다. 또한 사회주의적 관행으로 운영되던 동독 지역의 기업들이 갖고 있는 각종 부채를 청산하기 위한 '채무청산기금(Credtabwicklungsfonds)'이 설치되었으며, 이들 기업의 민영화와 환경 및 부채구조 개선을 위해 신탁청도 설립되었다. 각종 기금을 신설하는 것 외에도 공공부문의 재원 조달을 보다 용이하기 위해 조세제도 개편이 시도되었으며, 자본시장에서의 차입도 꾸준히 증가하였다. 실제로 1991년 독일 정부는 이른바 '연대부가세(solidarity surcharge)'라는 명목으로 기존의 소득세와 법인세를 한시적으로 7.5% 추가 징수하는 것을 골자로 하는 세제개편을 단행하였고, 1992년에는 담뱃세를 인상하였으며, 1993년에는 부가가치세율을 1% 인상하는 동시에 종전에는 세무 당국에 신고되지 않았던 모든 이자소득을 과세대상에 포함하는 이른바 '이자공제세(Zinsabschlagssteuer)'를 도입하였다.

이러한 독일 정부 차원의 노력과 더불어 여타의 재원조달도 이루어졌는데, 그중 대표적인 것은 독일재건은행, 독일청산은행, 베를린산업은행과 같은 독일의 개발은행으로 하여금 동독 지역에 대한 투자와 관련된 우대금리를 제공하고 신용대출을 확대하도록 한 것을 들 수 있다. 또한 비록 제한적이기는 하지만 EU를 비롯한 국제사회를 대상으로 동독 지역의 재건비용을 조달하려는 노력도 기울였다. 대표적으로 EC가 운영하는 '유럽농업지도 및 보증기금(European Agricultural Guidance and Guarantee Fund)', '유럽구조개발기금(European Structural Development Fund)' 등과 같은 기금과 유럽투자은행의 차관, 유럽석탄철강공동체의 구조조정차관 등을 입수하여 동독 지역의 개발자금으로 이용한 것이다. 이처럼 독일 정부는 통일 이후 다양한 방식으로 동독 지역의 경제재건비용과 여타의 통일비용을 조달했으나, 그 가운데 가장 중요하고 결정적인 것은 결국 독일 정부의 재정자금에 의한 조달이라고 할 수 있다.

2) 동유럽의 경험

서독과 같은 강력한 경제적 후원자를 가진 동독과는 달리 대부분의 다른 동유럽 국가들은 시장경제로의 이행과 경제발전을 위해 요구되는 재원을 마련하는 데 많은 어려움을 겪었다. 실제로 대다수 동유럽 국가들은 오랜 사회주의 시절의 경제침체로 인해 기업의 부채누적과 경쟁력 상실, 과도한 사회복지비용 지출에 따른 재정적자라는 3중고를 겪었다. 또한 이로 인해 경제성장에 요구되는 투자재원을 국내에서 조달할 수 있는 능력이 크게 약화되어 있었다. 더욱이 동유럽 국가들의 상당수는 1980년대 이후 외채 문제로 인해 국제금융시장에서 사실상 파산상태에 놓여 있었거나 투자를 크게 제한받는 상태에 있었다.

이러한 문제를 타개하기 위해 동유럽 국가들은 무엇보다 IMF나 World Bank 같은 국제금융기구로부터 자금지원을 받기 위해 많은 노력을 기울였다. 국제금융기구의 자금지원은 경제적으로 유리한 차관형식이었을 뿐만 아니라, 이러한 자금지원을 매개로 기존의 외채 문제를 유리하게 해결할 가능성이 있었고, 무엇보다 여타의 국제금융시장 참여자들에게 동유럽이 투자 적격지라는 인상을 심어줄 수 있어 경제발전에 핵심적인 국제민간자본을 유치하는 데도 큰 힘이 되었기 때문이다. 이에 따라 대부분의 동유럽 국가들은 사회주의 정권이 막을 내린 직후인 1990년대 초부터 IMF 등과 적극적인 자금지원 협상에 돌입했으며, 이를 위해 IMF가 요구하는 적극적인 경제 자유화 및 안정화 조치를 실시하는 등 경제개혁에 박차를 가하게 된다.[4] 그 결과 1991~1993년간 IMF와 World Bank가 헝가리, 폴란드, 체코와 같은 동유럽 국가에 지원한 양허성 차관은 이들 지역에 대한 서구사회 전체 경제지원의 절반에 육박할 정도로 큰 규모를 차지하였다.

이들 동유럽 국가들은 국제금융기구뿐만 아니라 EC와 같은 지역경제공동체로부터도 지원을 받게 된다. EC가 유럽의 저소득 지역을 대상으로 제공하는 각종 개발기금을 이용하거나, PHARE(Poland and Hungary: Assistance

---

4. 이와 관련하여 가장 대표적인 사례는 이행경제학에서 널리 인용되고 있는 이른바 폴란드의 '발세로비치 개혁안(Balcerowicz Plan)'일 것이다. 발세로비치는 1989년 폴란드 자유정부의 초대 재무장관으로 선임된 지 채 2주일도 지나지 않아 IMF를 대상으로 폴란드의 강력한 경제개혁 의지를 담은 이른바 '발세로비치 개혁안'을 만들어 제출하였고, 이를 근거로 IMF를 비롯한 국제금융기구와 미국 등 선진국의 대대적인 경제지원을 이끌어내는 데 성공하였다. 이 개혁안은 폴란드의 구사회주의 체제를 빠른 시간 안에 시장경제로 변모시키는 급진적인 구조조정과 안정화 그리고 자유화 · 사유화의 방안을 담고 있었고, 이에 따라 이후 동유럽 전체에서 시작된 이른바 충격요법(shock therapy)식 경제이행의 전형으로 알려졌다. 폴란드가 이처럼 급진적인 경제개혁 프로그램을 약속하면서까지 국제금융기구의 자금지원을 이끌어냈던 것은 바로 당시 동유럽의 재건 과정에서 국제금융기구가 갖고 있던 절대적 영향력을 상징적으로 보여주는 사건이다.

in Restructuring Economies)와 같이 동유럽의 특정 지역을 대상으로 하여 지원되는 특별 경제개발 프로그램들의 지원을 받는 것, 그리고 EBRD (European Bank for Reconstruction and Development)와 같이 동유럽의 이행과 경제발전을 지원하기 위해 설립된 금융기관의 자금을 지원 받는 것이 그 대표적인 사례다. 물론 이들 동유럽 국가들은 유럽과 미국, 아시아의 각국으로부터 양자적인 지원도 받았다. 이러한 지원은 주로 동유럽 국가들의 무역을 촉진시키기 위한 무역신용이나 개발차관, 인도주의적 지원 등 다양한 형태로 지원되었다.[5]

그런데 동유럽 국가들이 경제발전을 위해 가장 중요하게 생각했던 것은 해외로부터의 양허성 지원이라기보다는 오히려 직접투자와 같은 해외기업의 진출이었다. 이를 통해 경제발전을 위한 재원을 마련할 수 있을 뿐만 아니라 해외의 선진기술과 시장을 확보함으로써 자체 경쟁력을 높이는 데 큰 도움이 되기 때문이다. 실제로 1990년대 이후 동유럽은 미국과 서유럽 등 선진국을 제외하고는 해외의 직접투자가 가장 많이 이루어지는 주요 투자지역으로 부상했으며, 바로 이러한 해외의 직접투자로 인해 경제발전을 위한 재원조달 문제가 점차 자연스럽게 해결되는 선순환 구조가 정착되기도 했다.

한편, 동유럽 국가들은 이러한 해외로부터의 재원조달과 병행하여 국내적인 재원조달 방안도 강구하였다. 그 방안은 크게 두 가지였는데, 하나는 사회주의 시절의 국영기업을 사유화함으로써 그로부터 조달되는 자금을 경제발전에 원용하는 것이었고, 다른 하나는 재정지출 억제와 같은 강력한 안정화정책 등 경제개혁으로부터 얻어진 여분의 자금을 이용하는 것

5. 동유럽에 대한 국제사회의 경제지원은 1989년 파리 G-7정상회의에서 시작되어 이후 EU와 G-24(24개국의 OECD 회원국), EFTA(European Free Trade Association) 소속 국가 등 미국과 유럽, 일본, 호주 등 세계의 선진제국 거의 모두를 망라하는 광범위한 국가로 확대되었다.

〈표 5-1〉 동유럽 이행경제의 주요 해외재원조달 채널

다자적 기구	양자적 채널
- IMF - World Bank (IBRD) 산하 IFC - EBRD - OECD - UN Economic Commission - BIS - EC - European Investment Bank - European Coal & Steel Com. - European Free Trade Ass. - G-7 - G-10 (G-7 외 스웨덴, 스위스, 베네룩스의 중앙은행 협의체) - G-24 (OECD 회원국)	- 개별 국가의 양자적 공적 지원 - NGO에 의한 지원 - 민간자본투자

자료 : Barre, Luers, Solomon, and Ners(1992).

이었다. 한 가지 흥미로운 사실은 이 두 가지 방법 모두가 해외로부터의 재원조달과 밀접한 연관이 있었다는 점이다. 실제로 헝가리의 경우 국영기업의 사유화 과정에서 해외기업의 참여를 허용함으로써 해외직접투자는 물론 자국 경제에 대한 신인도 상승에 적극 활용하였고, 폴란드는 IMF가 제시하는 강력한 안정화정책을 초기부터 적극 실시함으로써 국제금융기구의 원활한 자금유입은 물론 여타 민간자본의 투자 역시 촉진하는 효과를 거두었던 것이다.

요컨대, 동유럽은 한편으로는 국제금융기구를 비롯한 해외로부터의 자금조달을 주로 하고, 다른 한편으로는 국내의 사유화나 안정화 같은 개혁조치를 종으로 하여 재원조달 문제에 대처해온 것이다.

3) 중국의 경험

반면에 중국은 경제발전에 소요되는 재원 문제를 비교적 순조롭게 해결한 사회주의 경제 또는 이행경제의 대표적 사례라고 할 수 있다. 실제로 중국은 동유럽과는 달리 강력한 사회주의 정부가 아직도 존재하고 있으며, 이러한 사회주의 정부가 오랜 기간 점진적인 개혁 · 개방을 추진해옴으로써 경제발전에 필요한 재원 문제를 큰 무리 없이 해결해오고 있다.

중국의 경제발전 또는 개혁 · 개방은 1978년부터 시작되는데, 당시 중국의 경제개혁은 크게 ① 농촌지역을 중심으로 자체 자원을 이용해 소규모 공업화를 촉진시키는 것과 ② 해안 지방을 중심으로 외국의 자본과 기술을 도입해 선진 시장경제의 기술과 노하우를 배우는 두 방향으로 이루어졌다. 전자를 대표하는 것이 이른바 중국의 향진기업(township village enterprises)이었으며, 후자를 대표하는 것이 중국의 경제특구들이었다. 이러한 두 가지 정책은 경제발전에 필요한 재원 문제를 해결하는 원동력이 되었다. 우선 향진기업의 성장을 통한 중국의 국내 경기 활성화는 경제발전에 필요한 국내 저축의 동원을 가능하게 하는 중요한 통로가 되었다. 1980년대 이후 동유럽이 지속적인 경제침체로 국내의 저축 동원이 거의 불가능한 상황에 내몰린 것과는 정반대의 경우였다. 또한 경제특구의 성공은 한편으로는 세계의 생산거점으로서 중국이 가지고 있는 잠재력을 확인해주었으며, 다른 한편으로는 중국의 개혁정책에 대한 세계의 확신을 심어주었다. 그 결과 중국은 1980년대 이후 세계에서 직접투자가 가장 많이 몰려드는 투자의 집중지로 부상하였으며, 이러한 해외투자의 유입은 다시 중국 경제의 활황으로 이어져 또다시 해외투자를 불러들이는 선순환이 지속된 것이다.

이렇게 보면 중국은 국내 경기의 상승을 바탕으로, 한편으로는 국내의 저축이 증가하고 다른 한편으로는 해외의 투자를 불러들여 해외의 저축

〈표 5-2〉 개발자금조달 채널로 본 북한의 특징

구분	후원자	정부 역량	해외 역량	주요 조달채널
동 독	서독	없음	약함	서독(정부)
중 국	없음	강함	약함	主국내, 從해외
동유럽	없음	약함	강함	主해외, 從국내
북 한	남한	약함	강함	남한 + 해외

역시 증가하는 선순환이 나타남으로써, 경제발전에 필요한 재원을 국내와 해외의 저축이라는 양 채널을 통해 순조롭게 해결한 것이 된다. 이처럼 재원 문제가 순조롭게 해결됨으로써 중국은 동유럽과는 달리 IMF와 같은 국제금융기구에 가입하는 것을 서두를 필요가 없었고, 이들로부터 급진적이고도 강력한 구조조정 노력을 요구받을 필요도 없었던 것이다.

4) 한반도 경제공동체와 재원조달의 특징

이상에서 살펴본 것처럼, 구사회주의 경제 또는 이행경제에서의 재원조달 문제는 국가마다 그 형태가 매우 다르게 나타난다. 그럼에도 불구하고 이처럼 다양한 형태를 꼼꼼하게 따져보면, 향후 북한의 경제개발 및 남북협력과 관련된 재원조달 문제에 대해 몇 가지 흥미로운 시사점을 발견하게 된다.

첫째, 북한의 경우 향후 일정한 시점까지는 이른바 재원조달 문제를 해결해줄 당사자가 남한 이외에는 없다는 사실이다. 현재 북한은 IMF와 같은 국제금융기구에 가입하지 않은 상태이므로 이들로부터 자금지원을 받을 수 없는 형편이다. 또한 미국이나 일본과 같은 주요 경제국들과 정상적인 외교관계를 맺고 있지 못하다는 점에서 양자적 지원에 의한 해외의 자금유입 역시 기대하기 어렵다. 더욱이 북한은 1980년대 이후 외채의 지불유예로 해외의 (민간)투자자금이 유입되기란 사실상 불가능한 실정이다.

물론 북한 당국은 국영기업을 위시한 국내 자산의 사유화나 (해외)매각 등을 통해 자체 자금을 조달할 수 있다. 그러나 여전히 사회주의를 고집하고 있는 북한 당국의 완고함을 감안할 때 이러한 가능성은 아주 먼 장래에나 가능할 것으로 보인다. 이렇게 보면 당분간은 북한의 경제발전과 한반도 경제공동체 형성에 필요한 자금조달 문제는 전적으로 남한에 의존할 수밖에 없다고 보는 것이 타당할 것이다.

둘째, 앞서와 동일한 이유에서 향후 남북경협과 관련된 재원조달 형태는 단계적 또는 시기적으로 그 성격이 달라질 것으로 예상된다. 첫 번째 단계에서는 남한에 의해 배타적 재원조달이 이루어질 것이다. 두 번째 단계는 북한과 국제사회의 관계가 호전되고, 이로 인해 남한과 더불어 미국·일본과 같은 주변국, 국제금융기구 등이 공동으로 북한의 재원조달 문제를 논의하고 해결하는 단계가 될 가능성이 크다. 마지막으로는 더 나아가 북한 스스로가 적극적인 사유화 조치 등을 통해 내부자금조달을 시도하는 단계가 될 것이다. 물론 북한의 개혁 속도가 매우 빠르다면, 대대적인 사유화를 통한 북한의 내부자금조달이 국제사회로부터의 자금유입과 거의 동시에 이루어질 수도 있다. 그러나 현재 북한 당국이 보이고 있는 완고함을 고려할 때, 내부자금조달은 남북경협과 해외의 도움으로 북한 경제가 충분히 발전되고 변화된 이후에야 비로소 시작될 것이라고 보는 것이 현실적이다.

셋째, 이에 따라 단계별로 우리의 역할이 매우 달라질 가능성이 있다. 첫 번째 단계에서는 남한 안에서 자금조달을 최적화하는 것이, 그리고 두 번째 단계에서는 북한에 대한 국제사회의 자금지원을 극대화할 수 있도록 이를 주선·조정·보증하는 역할이, 마지막으로 세 번째 단계에서는 북한의 본격적 개혁 또는 경제이행에 참여하여 이를 자문하고 조절하는 역할이 주요 임무가 될 가능성이 크다.

3. 남한에서의 재원조달

이미 언급한 것처럼 한반도 경제공동체 형성과 관련된 가장 중요한 재원조달 경로는 남한에서의 재원조달이다. 여기에서는 재원조달 형태를 편의상 ① 기존 제도를 이용하는 방법, ② 새로운 제도를 통한 방법, ③ 기타 민간자본을 이용하는 방법 등 세 가지로 나누어 살펴본다.

1) 기존 제도의 활용

현재 우리 정부는 남북교류를 확대하기 위한 재정적 지원제도를 갖추고 있으며, 저개발국을 지원하기 위한 재정적 지원체계도 운영하고 있다. 따라서 향후의 남북경협과 관련된 재원조달 문제와 관련해서는 일차적으로 이러한 재정적 지원 제도를 확충하여 운영하는 방안을 생각해볼 수 있다.

(1) 남북협력기금의 확대

현재 우리 정부가 남북교류를 확대하기 위해 실시하고 있는 가장 대표적인 재정적 지원수단은 바로 '남북협력기금'이다. 이 기금은 1990년 제정된 '남북협력기금법'에 의해 설치된 것으로, 현재 정부 및 민간의 출연금과 정부의 재정(투)융자특별회계로부터의 차입금, 공공자금관리기금의 예수금 등으로 자금을 모집하고, 이렇게 모집된 자금을 남북교류 및 경협과 관련된 제반 사업에 지원하는 것을 주요 업무로 하고 있다. 실제로 이 기금은 2007년 5월 현재 조성된 기금의 총(누계)합계가 8조 원에 달할 정도로 큰 규모이며, 현재 남북교류를 지원하는 거의 유일한 정부의 재정적 지원기금이라고 할 수 있다. 따라서 한반도 경제공동체의 형성과 관련하여 남북협력기금의 확충 문제를 먼저 논의하는 것이 자연스러운 접근일 것이다.

남북협력기금의 확충과 관련하여 세 가지 방법을 생각해볼 수 있다. 첫째는 정부 출연금의 확대이다. 이는 가장 손쉽고 간단하게 기금을 확충할 수 있다는 점에서 언제나 일차로 거론되는 방안이기도 하다. 둘째는 민간 출연금을 활성화하는 방안이다. 현재와 같이 상대적으로 부진한 민간 출연금을 확대하기 위해 ① 민간 사업자들에게 '통일복권'(가칭)과 같은 관련 수익사업을 허용함으로써 그 수익금의 일부를 기금으로 유치하거나, ② 금융기관들로 하여금 세금우대가 되는 '통일통장' 등을 발행하게 허용해줌으로써 그 일부를 기금으로 유치하는 방법, ③ 국내의 기업 관련 조직이나 단체들로부터 출연금 확대를 유도하는 방법을 생각해볼 수 있다. 또한 향후 남북경협을 통해 일정한 수익을 얻는 기업이 많아질 경우에는 이들로 하여금 기금 출연을 확대하는 방안 역시 유력할 것이다. 셋째는 정부가 운용하는 재정융자특별회계로부터의 실질적 기금 유입을 활성화하는 것이다. 물론 현재 이 기금은 정부의 재정융자특별회계로부터 장기 차입을 할 수 있도록 규정되어 있다. 그러나 이를 더욱 활성화하기 위해 향후 북한의 인프라 개발과 같은 대규모 경협사업의 경우에는 거의 자동적으로 그에 소요되는 자금지원이 재정융자특별회계로부터 이 기금으로 넘어올 수 있도록 제도화하자는 것이다.

(2) 대외경제협력기금과 공적개발원조의 활용

현재의 제도를 확대하여 남북경협 재원을 조달하는 또 다른 방법으로는 우리 정부가 저개발국을 대상으로 운영하는 '대외경제협력기금'과 한국국제협력단(KOICA)의 '공적개발원조'를 이용하는 것이다. 이들 자금은 각각 주로 유상과 무상의 자금지원에 치중한다는 차이를 제외하면 저개발국에 대한 우리 정부의 차관제공이라는 점에서 동질적인 것들이다. 이들 자금은 저개발국에 직접 지원될 수도 있으며, 저개발국 관련 사업을 수행하는 우리 국민과 기업에게도 지원될 수 있으므로 이를 이용하여 남북경협에 소요되는 자금을 지원하는 방안을 고려할 수 있다.

물론 여기에는 한 가지 미묘한 어려움이 있다. 이들 자금을 이용하기 위해서는 북한을 공식적인 '외국'으로 규정해야 한다는 것이다. 당연한 말이지만, 이는 경우에 따라 상당히 미묘한 파장을 불러올 수도 있는 사안이며, 특히 남북경협을 민족 간의 내부거래로 간주해온 현재의 우리 정부의 기조로 볼 때 그 미묘함은 더욱 클 수도 있다.

만일 북한과 관련하여 대외경제협력기금과 공적개발원조를 이용할 수 있다면, 그 방법은 크게 두 가지로 나누어 생각해볼 수 있다. 하나는 이들 자금의 수혜 대상에 북한을 직접 포함시키는 방법이다. 즉 이 기금을 통해 북한에 직접 경제개발자금을 지원하거나 북한의 경제개발에 참여하는 우리 기업에 자금을 지원하는 것이다. 다른 하나는 이 기금의 일부를 남북협력기금으로 출연하거나 동 기금에 대출해줌으로써 간접적으로 남북경협을 지원하는 것이다.

(3) 각종 대외개발자금과 중소기업 지원제도의 활용

기존의 제도를 이용하는 또 다른 방법은 각종 대외개발사업 지원금을 이용하는 것이다. 예를 들어, 그동안 남북한 간에는 남측의 (경공업) 원자재 공급 및 북측의 지하자원 개발권 이양이라는 형태의 경협사업이 추진된 바 있다. 그런데 현재 우리 정부는 국민경제에 기여도가 높은 해외자원개발사업에 자금을 지원하고 있다. 따라서 이들 남북경협사업에 해외자원개발자금을 지원하는 방안을 고려해볼 수 있다. 물론 여기에는 앞서와 같이 북한의 자원을 해외의 자원과 동일시해야 한다는 기술적인 어려움이 따를지도 모른다. 그러나 향후 북한에 대한 지하자원 개발이 남북경협의 중요한 형태로 등장할 가능성이 있다는 점에서, 이러한 기존의 지원자금을 확대 적용하는 방법은 충분히 고려해볼 만한 가치가 있다.

또한 현재 우리 경제가 운영 중인 다양한 중소기업 지원제도를 활용하는 방안도 생각해볼 수 있다. 그간의 남북경협을 추진해온 대다수의 우리 기업이 중소기업이고, 앞으로도 이들의 역할은 더욱 중요해질 것으로 보이기 때문이다. 따라서 현재 운영 중인 각종 중소기업 지원제도를 통해 남북교류협력에 종사하는 기업에게 일종의 가산점을 부여하거나, 동 지원 규모의 일정 부분을 남북교류협력 기업에 사용하는 방법을 생각해볼 수 있다. 물론 이 경우 여타 기업과의 형평성 문제나 남북교류를 지원하는 또 다른 제도로부터의 이중지원 문제 등에 대해서는 보다 심사숙고할 필요가 있다.

2) 새로운 제도의 도입

앞서와 같이 기존의 제도를 확대하여 활용하는 방법 이외에도 새로운 제도를 도입함으로써 남북경협과 관련된 재원조달 문제를 해결하는 방법도 있다. 이와 관련해서는 크게 두세 가지의 방안을 생각해볼 수 있다.

(1) 새로운 기금모집 채널의 형성

우선 새로운 기금모집 채널을 만들거나 허용해주는 방안을 생각해볼 수 있다. 독일의 사례에서 볼 수 있듯이 향후 한반도 경제공동체 형성을 위해 기본적으로 중앙정부와 지방정부의 출연금을 조성하며, 여기에 공기업이나 경제단체 등의 출연금을 더하는 방법을 생각해볼 수 있는 것이다. 지방정부의 경우에는 재정 자립도에 따라 출연금의 비율을 정하거나 중앙정부가 지방에 이전하는 재정의 일부분을 출연금으로 부담하는 방안이 있을 수 있다. 공기업이나 경제단체의 경우에는 남북경협과의 관련 정도를 고려하여 출연을 유도하는 방안을 생각해볼 수 있다. 한편 이렇게 조성된 기금은 남북경협사업에 한하여 사용하되, 북한에 대한 대규모 인프라 구축과 같이 여타의 방법으로는 감당하기 어려운 프로젝트에 집중 지원을 하는 방안이 효과적일 것이다.

또한 일부에서 이야기하듯이 목적세를 신설할 수도 있다. 통독 직후 독일 정부가 연대부가세를 도입한 것처럼 한반도 경제공동체 형성을 위해 별도의 세수를 확보하는 것이다. 그러나 이 방법은 국민들의 조세저항과 대북정책에 대한 논란 등 또 다른 부작용을 낳을 가능성도 있다. 따라서 이 방법을 고려하는 경우라 하더라도, 먼저 이를 통한 재원의 사용처를 분명히 하고, 세금의 기간과 폭을 매우 한시적이고 제한적으로 설정하는 등 충분한 주의가 필요하다.

(2) 자본시장에서의 차입

독일의 경우 정부에 의한 통일비용 조달에서 가장 중요한 통로 가운데 하나는 자본시장에서의 차입이었다. 실제로 1991~1994년에 조성된 '독일통일기금' 1,600억 DM 가운데 거의 60%에 해당하는 950억 DM가 자본시장에서의 차입으로 조달되었으며, 그에 대한 상환부담을 독일 연방정부와 주정부가 분담하였다. 이에 따라 향후 남북경협 재원조달을 위한 중요한 수단의 하나로 우리 정부나 공기업에 의한 자본시장에서의 자금조달 가능성을 생각해볼 수 있다.

이러한 자본시장에서의 재원조달 채널은 크게 ① 국공채 발행 등 순수한 차입, ② 우리 정부나 공기업이 보유한 대북 자산 또는 재산권을 증권화하여 유통시키는 것, ③ 이러한 대북 자산 또는 재산권을 직접 매각하는 것 등으로 나누어 생각해볼 수 있다.

우선 우리 정부는 남북경협 및 북한 개발과 관련된 자금을 조성하기 위해 국공채를 발행할 수 있다. 물론 이러한 정책은 현재의 경협 비용 등을 차세대에게 미루는 것이라는 점에서 논란의 소지가 있다. 그러나 북한의 주요 인프라 구축과 같이 비교적 오랜 시간이 소요되는 대규모 프로젝트로서, 그 수익 역시 일정 시점이 지난 이후에야 발생하는 경협사업의 경우에는 자금조달 방법으로 충분히 고려해볼 만하다.

또 다른 방법은 현재 또는 앞으로 우리 정부나 공기업 등이 가질 수 있는 대북 재산권을 증권화하여 유통시키거나 매각하는 것이다. 예를 들어, 우리의 경공업 원자재 지원의 대가로 북측으로부터 특정 지역의 지하자원 개발권을 확보하는 경우, 이를 담보부 자산으로 하여 증권을 발행함으로써 자금을 모집하거나 아예 이의 전부 또는 일부를 시장에서 매각하는 것이다. 물론 현재의 관점에서 볼 때 여기에는 많은 어려움이 있다. 북한의 경우 아주 완고한 사회주의 경제를 유지하고 있기 때문에 재산권에 대한 개념이 매우 희박하고, 이에 따라 우리의 자본시장에서 이러한 대북 재산권의 가치가 어느 정도로 평가받을지가 매우 불분명하기 때문이다. 따라서 이러한 정책은 당장에 현실화되기는 어렵다. 그러나 향후 북한의 개혁·개방이 확대되고, 이에 따라 북한의 경제관행 역시 국제적 수준에 점차 접근해가는 경우 재산권을 담보로 하는 자금조달은 의외로 효과적인 재원조달수단으로 등장할지도 모른다.

3) 민간자금의 활용

앞서와 같은 재원조달 채널은 모두 우리 정부가 주체가 되는 것이다. 그러나 개념적으로 이러한 정부 차원의 재원 조달 이외에 민간 차원의 재원조달이 존재하며, 또한 실제로도 이러한 민간 차원의 재원조달이 활성화되어야만 남북경협이 보다 튼튼한 모습을 갖출 수 있다. 문제는 이러한 민간 차원의 재원조달이 얼마나 실효성이 있을 것인가 하는 점이다.

우선 우리 금융기관 차원의 재원조달을 살펴보자. 남북경협과 관련하여 우리 금융기관이 자금을 지원해줄 수 있는 형태는 크게 ① 북한 정부와 기관에 차관 등을 공여하는 방법, ② 남북경협사업에 대해 프로젝트 파이낸싱을 주선하는 방법, ③ 남북경협에 참여하는 우리 기업에 대해 대출 등

〈그림 5-1〉 국내 재원의 조달 형태

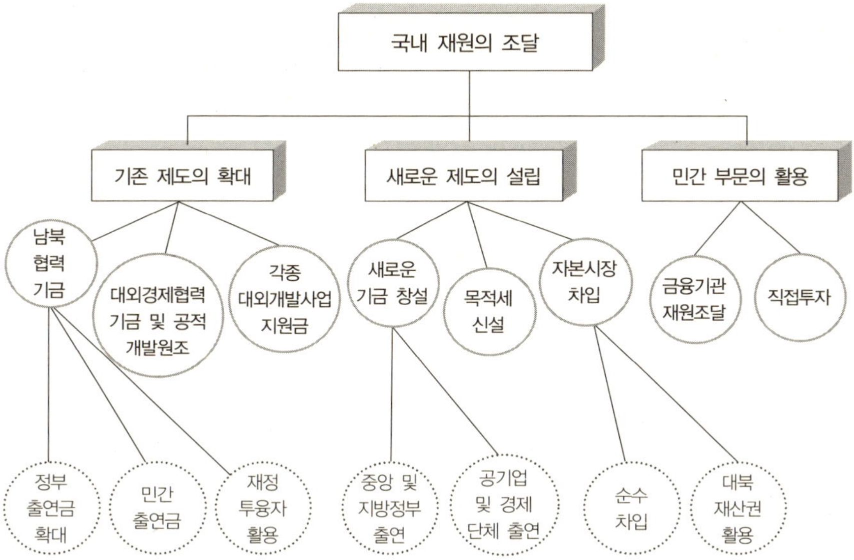

지원을 수행하는 방법 등으로 나누어볼 수 있다. 그런데 문제는 이러한 지원을 자체 모집한 자금으로 수행할 수 있는가 하는 점이다. 먼저 북한 정부나 기관에 대한 지원은 북한의 현재 신용도를 감안할 때 어려울 것으로 보이며, 경협사업에 대한 프로젝트 파이낸싱 역시 향후 상당 기간 동안 상업적으로 커다란 수익성을 갖는 남북경협이 많지 않을 것이라는 점에서 기대하기 힘들 것으로 보인다. 따라서 이러한 사업들의 경우에는 우리 정부의 직접적인 자금지원 및 보증이 있을 경우를 제외하고는 금융기관 자체의 자금모집을 통해 이루어지기가 어렵다. 문제는 우리 기업에 대한 대출인데, 이 경우에는 남북경협에 대한 참여자의 형태에 따라 달라질 것으로 보인다. 만일 현재와 같이 우리 경제를 대표하는 대기업들이 상대적으로 남북경협에 참여하지 않고 신용도에서 상대적으로 떨어지는 중견기업들 위주로 경협이 진행될 경우, 금융기관들은 스스로의 노력에 의해 이들에게 자금을 지원하기보다는 정부의 지원을 중개하는 데 더욱 치중할 가능성이 높다. 그러나 만일 남한의 대기업들이 남북경협에 본격적으로 참여하는 경우, 금융기관들은 이들 기업의 자체 신용도를 기준으로 하여 정부의 지원을 중개하는 것뿐만 아니라 스스로의 노력에 의해 자금을 지원하는 데 더욱 많은 관심을 기울일 개연성도 있다.

기업의 경우에도 사정은 크게 다르지 않을 것이다. 남북경협과 관련하여 가장 이상적인 재원조달은 기업 스스로의 자금조달을 통해 투자가 이루어지는 것이다. 그러나 이 경우 역시 금융기관들과 마찬가지로 향후의 남북경협에 주로 어떤 기업들이 참여하는가에 따라 그 형태는 매우 달라질 것으로 보인다.

4. 해외에서의 재원조달

남북경협과 북한 개발을 위한 재원조달의 또 다른 주요 형태는 국제금융기구를 비롯한 해외 경제주체들의 지원과 협력을 얻어내는 것이다. 일반적으로 이러한 해외의 재원조달 경로는 크게 ① 외국 정부에 의한 양자적 지원, ② '북한신탁기금'의 창설 및 '북한지원그룹'의 결성, ③ IMF와 같은 국제금융기구의 지원, ④ 국제민간자본에 의한 대북 투자 및 지원, ⑤ 동북아개발은행과 같은 별도의 지역개발은행 신설 등 다섯 가지로 집약할 수 있다. 흥미로운 점은 이러한 해외재원조달의 형태가 매우 순차적일 가능성이 있다는 점이다. 예를 들어, 북한의 경우 무엇보다 먼저 외국 정부에 의한 양자적 지원을 받을 가능성이 높고, 이를 토대로 순차적으로 국제금융기구나 국제민간자본의 자금 역시 수혜받을 가능성이 높다는 것이다. 반대로 만일 북한이 외국 정부에 의한 양자적 지원을 받지 못한다면, 국제금융기구나 국제민간자본의 자금지원 역시 받지 못할 가능성이 크다는 뜻이기도 하다. 여기에서는 왜 이러한 현상이 벌어지는지에 대한 의문을 염두에 두고 앞서 언급한 다섯 가지 재원조달 형태를 차례로 검토하기로 한다.

1) 외국 정부에 의한 양자적 지원

북한에 대한 국제사회의 자금지원 가운데 가장 중요한 채널은 IMF 같은 국제금융기구를 통한 자금지원이 아니라 미국과 일본 등 주변국들에 의한 양자적 경제지원이 될 개연성이 있다. 여기에는 몇 가지 이유가 있다.

첫째, 주변국들에 의한 양자적 지원은 북한이 국제금융기구의 지원을 받기 위한 사실상의 전제조건이다. 향후 북한이 국제금융기구의 경제적 지원을 받기 위해서는 이들 기구에 가입해야 하는데, 북한의 가입을 실제로 결정하는 것은 미국·일본과 같은 주변국들이다. 이들은 IMF와 ADB(Asian Development Bank) 같은 국제금융기구의 최대 주주들로서 북한의 국제금융기구 가입을 실제로 결정하는 당사자이기 때문이다. 따라서 북한이 관계개선을 통해 이들로부터 양자적 지원을 얻어내지 못하는 상황에서 국제금융기구로부터 지원을 얻어내기란 매우 어렵다.

둘째, 주변국들에 의한 양자적 지원은 국제금융기구의 지원보다도 현실적으로 더 쉬운 방법이기 때문이다. 북한이 국제금융기구로부터 자금지원을 받기 위해서는 상당히 까다로운 경제적 조건과 절차가 수반된다. 그러나 미국·일본과 같은 주변국들의 지원은 조건과 절차가 까다롭지 않고, 이들과의 정치·외교적 관계를 개선하는 것만으로도 소기의 지원을 얻어낼 가능성이 있다.

셋째, 주변국들에 의한 양자적 지원이 그 규모 면에서 여타 국제금융기구의 지원에 못지않을 가능성이 있기 때문이다. 예를 들어 보자. 폴란드는 제2차 세계대전 당시 인접국인 독일에 의해 막대한 피해를 입었다. 이로 인해 1989년 폴란드에서 사회주의 정부가 무너진 다음 독일 정부는 폴란드가 시장경제로 이행하고 경제를 복구하도록 주변국으로서 적극적인 경제적 지원을 하였다. 미국의 경우도 사정은 다르지 않았다. 과거 미국은 폴란드가 러시아와 유럽을 잇는 지리적 요충지이면서도 동유럽 사회주의를 정치·군사적으로 결속시키는 교두보 역할을 했다는 이유로 폴란드에 대한 경제적 지원에 냉담하였다. 그러나 폴란드는 사회주의 정권이 붕괴된 이후 친미적 태도를 보였고, 이를 계기로 미국은 폴란드에 대한 적극적인 경제적 지원에 나서게 되었다. 미국은 폴란드의 외채 문제를 사실상 해결해주었으며, 인도주의적인 지원을 비롯해 대규모의 경제원조 역시 수행한 것이다.[6] 흥미로운 사실은 북한도 폴란드처럼 인접국과 연관된 과거의 역사가 존재할 뿐만 아니라 북한 고유의 군사지리적·정치외교적 중요성 역시 존재한다는 사실이다. 일본과 북한의 역사 문제나 미국이 주도하는 동북아 정세 속에서 북한이 갖는 중요성이 이를 잘 말해준다. 따라서 향후 북한과 주변국의 관계개선 여하에 따라서는 북한이 과거 폴란드가 주변국에서 얻었던 것과 같은 경제원조를 얻을 가능성이 있다.

---

6. 동유럽에 대한 국제사회의 경제적 지원이 당시의 정치적 환경으로부터 얼마나 영향을 받는가를 극명하게 보여주는 사례가 바로 1970년대 말과 1980년대 말 두 차례에 걸쳐 폴란드와 헝가리에 몰아닥친 외채위기에 대한 서방의 태도일 것이다. 두 나라는 1970년대 말에 외채위기를 맞았는데 헝가리는 서방의 지원으로 외채위기를 극복할 수 있었으나 폴란드는 그렇지 못했다. 당시 두 나라는 공히 독일 사회당 정부의 슈미트 수상을 설득했으나 헝가리는 성공하고 폴란드는 실패한 것이다. 폴란드의 대다수 경제계 지도자들은 그 원인을 미국과 대립하던 당시 폴란드의 정치·군사적 특수성에서 찾고 있다. 즉 폴란드는 헝가리와는 달리 동유럽의 인구 대국 가운데 하나인 동시에, 서유럽과 동유럽의 군사적 대치를 가능케 하는 동유럽의 군사적 요충지였기 때문이라는 것이다. 그러나 1989년 동유럽에서 사회주의 정권이 무너지면서 상황은 바뀌었다. 폴란드는 기존에 갖고 있는 대규모의 외채를 탕감하는 데 성공한 반면, 헝가리는 그렇지 못해 외채를 갚기 위해 급진적인 사유화 정책을 실시하지 않을 수 없었다. 동유럽에서 정치·군사적으로 중요한 폴란드가 과거에 적대적인 관계에 있었을 때에는 서방으로부터 극심한 경제적 제재를 받았지만, 반대로 서방과 정치적으로 우호적인 관계를 맺으면서 오히려 경제적으로 가장 많은 혜택을 받는 나라로 탈바꿈하는 것이다.

(1) 미국

북한에 대한 대외지원의 향배를 가늠하는 가장 중요한 국가는 역시 미국일 것이다. 미국은 북한의 국제금융기구 가입의 열쇠를 쥐고 있을 뿐만 아니라 실제로 북한에 상당한 경제적 지원을 수행할 수 있는 국가이기도 하다. 물론 미국은 최근의 6자회담에서 볼 수 있듯이 북한에 대한 스스로의 경제적 지원에 소극적인 태도를 보여 온 것이 사실이다. 그러나 향후 북미관계가 핵 문제의 해결 수순에 따라 수교를 입에 올릴 만큼 급진전하는 경우 사정은 달라질 수 있다. 미국의 경우 북한과 같은 저개발국과 새로이 수교하는 경우 이에 상응하는 경제적 지원을 수행하는 일이 빈번했기 때문이다.

현재 미국은 세 가지 형태의 경제적 지원을 수행하고 있다.[7] 첫째는 양자적 형태의 개발지원(bilateral development assistance)이다. 이는 미국국제개발청(USAID)이 주관하며, 저개발국의 경제발전과 환경보호 그리고 주민들의 소득증대와 같은 목적으로 지원되고 있다. 2004년의 경우 이를 통한 지원자금은 미국의 전체 해외원조 가운데 30%에 해당하는 62억 달러에 이르렀다. 둘째는 미국의 정치안보적 목적을 달성하기 위한 경제지원이다. 이는 '경제지원기금(economic support fund)'을 통해 집행되며, 안보적으로 중요한 해외의 전략적 거점국가에서 미국의 이익을 보호하기 위한 목적으로 제공된다. 과거 중동 국가들에 집중적으로 지원되었으며, 1989년 소비에트 체제가 붕괴한 후에는 동유럽 각국에 미국의 이익을 보호하기 위한 목적으로 제공되었다. 만일 북한이 미국과 수교하고 친미적 태도를 견지할 경우 이러한 지원을 받을 가능성이 높다. 2004년에 이러한 형태로 지원된 금액은 미국의 전체 해외원조 가운데 26%에 해당하는 54억 달러를 기록하였다. 마지막으로 세 번째는 인도주의적 지원이다. 이는 미국

7. 이러한 분류는 Tarnoff and Nowels(2004)를 따른 것이다.

국무성이 주관하며, 북한도 과거에 세계식량계획(World Food Programme) 등 국제기구를 경유해 이러한 미국의 지원을 받은 바 있다.

(2) 일본

북한에 대한 양자적 지원 가운데 단일 규모로 가장 큰 지원을 수행할 수 있는 국가는 일본일 것이다. 현재 북한은 일본에 대하여 식민지 지배에 따른 정신적·물질적 피해보상금으로 50억 달러, 그리고 전쟁 교전 당사국으로서의 전쟁 피해배상금 50억 달러 등 총 100억 달러의 지불을 수교 조건으로 내세우고 있는 것으로 알려져 있다.[8] 물론 일본이 이에 어느 정도 호응할지는 미지수이다. 그러나 한 가지 분명한 사실은 이러한 북한의 대일 청구권 자금이야말로 단일 자금으로 북한이 해외에서 얻을 수 있는 최대의 경제적 자원이라는 사실이다.

이에 더하여 북한은 일본과 수교를 맺을 경우 일본의 공적개발원조도 기대할 수 있을 것이다. 일본의 공적개발원조는 저개발국의 경제발전을 돕기 위해 무상이나 장기 저리로 제공되고 있으며, 일본 정부는 과거에 공적개발원조를 아시아 국가들과의 수교 및 관계개선에 적극 활용하는 모습을 보였다. 실제로 이 자금은 중국과 일본이 수교를 맺을 때 중국에 대규모로 지원되었으며, 필리핀과 베트남 등에도 지원된 바 있다. 더욱이 이 자금의 기본적 취지가 해당 저개발국에 대한 일본 기업의 진출을 도와주는 데 있는 만큼, 북일 수교로 인해 대규모의 대일 청구권 자금이 북한에 유입되고, 이로 인해 일본 기업의 대북진출 역시 가속화되는 경우, 이들 일본 기업들을 겨냥한 공적개발원조 역시 북한에 유입될 가능성이 있다고 볼 수 있다.

---

8. 장형수(2007)에 따르면 과거 남한의 대일 청구권 자금의 현재 가치가 약 95억 달러에 이른다고 한다.

(3) 중국과 러시아

미국과 일본 이외에도 중국이나 러시아 같은 주변국 역시 북한에 경제지원을 할 개연성은 충분하다. 그러나 이들의 경제지원 규모나 형태는 상대적으로 매우 불확실한 것이 사실이다. 예를 들어, 현재 중국의 대북지원의 경우 그 규모가 수백만 달러부터 수천만 달러에까지 이른다는 주장이 있어 좀처럼 그 실체를 파악하기가 어렵다. 그 형태와 관련해서도 석유와 같은 전략물자에 대한 지원이 이루어지고 있다는 주장에서부터 광범위한 일반 물자까지 제공한다는 주장에 이르기까지 다양하다. 러시아의 경우에도 사정은 다르지 않아서 그 실체를 파악하기가 쉽지 않다. 그럼에도 불구하고 한 가지 분명한 사실은 향후 북한에 대한 여타 주변국들의 지원이 본격화될 경우 중국과 러시아도 북한에 대한 지원에 동참할 가능성이 높다는 사실이다. 중국은 국경을 맞대고 있는 사회주의 형제국 북한의 정치·군사적 가치를 고려할 수밖에 없으며, 러시아의 경우 역시 시베리아의 가스와 유전, 철도 등을 북한을 통해 서울로 연결하는 데 많은 관심을 갖는 등 경제적 이해가 걸려 있기 때문이다.

2) 북한신탁기금과 북한개발지원그룹

한편 북한에 대한 양자적 지원과 더불어 비교적 신속하게 다자적 형태의 대북지원자금을 제공할 수 있는 방법으로는 '북한신탁기금(Trust Fund for North Korea)'과 '북한개발지원그룹'의 형성을 들 수 있다. 물론 진정한 형태의 다자적 지원은 IMF와 같은 국제금융기구의 대북지원으로부터 시작된다고 볼 수 있다. 그러나 국제금융기구에 가입하는 것은 절차상 상당한 시일이 요구될 수도 있고, 일단 가입이 이루어진다고 하더라도 실질적인 자금지원에는 또 다른 조건과 절차가 필요하다. 반면에 북한신탁기금이나 북한개발지원그룹의 결성은 국제금융기구 가입 이전에도 지원될 수 있으며, 그에 수반되는 조건과 절차 역시 까다롭지 않다는 장점이 있다.

먼저 북한신탁기금에 대해 생각해보자. 이러한 신탁기금은 1993년 미국의 주도로 국제금융기구에 가입하지 못한 팔레스타인 지역을 지원하기 위해 만들어진 바 있다. 이 기금의 관리는 통상 World Bank와 같은 국제금융기구가 관장하지만, 그 계정을 자체의 고유 계정과는 분리하여 탄력적으로 운영한다는 특징이 있다. 이러한 신탁기금은 그 후 동티모르나 보스니아와 헤르체고비나, 코소보와 같이 국제금융기구에 가입하지 못한 국가나 지역을 대상으로 확대됨으로써, 국제금융기구 비가입국에게 가입국과 비슷한 경제적 지원 효과를 가져다주는 유력한 수단으로 인식되고 있다. 북한의 경우 이러한 신탁기금은 두 가지 방법으로 구성될 수 있을 것이다. 하나는 남한을 비롯한 세계 여러 나라가 World Bank에 예탁해놓은 신탁기금을 이용하여 북한에 대해 지원해줄 것을 요청하는 방식이며, 다른 하나는 남한, 일본, 미국 등 관련국들이 별도의 자금을 출연한 북한 신탁기금을 World Bank 등에 맡겨 운영하도록 요구하는 것이다. 일반적으로 신탁기금은 국제금융기구에 가입하기 이전 해당 국가의 경제관리능력 향상을 위한 기술적 지원에 초점이 맞춰진 것으로 알려져 있으나, 자금 출연국들의 요청이 있는 특별신탁기금의 경우 그 사용에 특별한 제한이 있는 것은 아니다.

한편 북한개발지원그룹은 북한신탁기금과 같은 한지적인 다자적 지원을 보다 효과적으로 수행하기 위해 남한을 비롯한 6자회담 참가국과 EU와 호주 같은 국제적 경제지원국들이 보다 조직적인 논의의 틀을 갖추는 것을 말한다. 즉 북한에 대한 이해당사자들이 하나의 포럼 또는 협의체를 구성해 북한에 대한 개별 국가의 공적자금 지원을 공동으로 협의하고 북한신탁기금과 같은 다자적 지원 역시 공동으로 창설함으로써 북한에 대한 국제적 이해당사자들의 교섭력을 높이고, 한편으로는 북한에 대한 개발지원 시도를 보다 효율적으로 조율하려는 것이다.

3) 국제금융기구에 의한 지원

이미 언급한 것처럼 북한에 대한 본격적인 다자적 지원은 국제금융기구에 의한 지원이라고 할 수 있다. 향후의 북한 개발 및 남북경협과 관련하여 가장 중요한 해외의 재원조달 채널 가운데 하나가 바로 국제금융기구라는 의미이다. 그런데 이들 북한이 국제금융기구로부터 얻을 수 있는 경제적 지원은 크게 보아 ① 북한의 경제운영능력을 향상시킬 목적으로 수행되는 '기술적 지원(technical assistance)'과 ② 북한의 경제개발에 필요한 자금을 제공하는 '양허성 지원/차관(concessional loan)'을 들 수 있다. 이 두 가지는 IMF와 World Bank, ADB 등 모든 국제금융기구가 동일하게 제공하지만, 그 성격이나 내용, 의미에서는 차이가 있다. 따라서 여기에서는 북한과 관련된 개발자금 조달 문제와 직접적인 연관이 있는 양허성 차관을 살펴보기 이전에 기술적 지원에 대해 간략하게 살펴보기로 한다.

(1) 기술적 지원

'기술적 지원'이란 해당 국가의 경제발전과 관련해 요구되는 전문성 또는 능력을 함양시키기 위한 목적으로 수행되는 일체의 지원을 의미한다. 일반적으로 이 기술지원은 해당국 경제의 거시경제운영에 필요한 통계의 작성 및 수립방법에서부터 경제관리에 대한 교육, 그리고 구체적인 경제정책을 수립하기 위한 자문에 이르기까지 광범위한 내용이 포함된다. 흥미로운 점은 이러한 기술적 지원이 해당 국가를 관련 국제금융기구의 회원국으로서 제대로 기능하게끔 만드는 데 필수적이라는 사실이다. 예를 들어, IMF 회원국들은 그 가입에서부터 해당 국가의 통화, 재정, 무역, 노동시장 등 경제 전반에 이르는 광범위하고도 상세한 경제통계를 제출해야 한다. 문제는 상당수의 저개발국의 경우 상세하고 전문적인 경제통계를 작성하는 것은 물론이고 그 내용을 이해하기조차 어려워한다는 사실이다.

이에 따라 IMF는 특정 해당국이 IMF에 가입을 요청하는 경우, 무엇보다 먼저 이와 관련된 제반 경제통계의 내용을 이해시키고 이를 효과적으로 작성하기 위한 일체의 교육과 훈련을 '기술적 지원'이라는 이름으로 수행한다. IMF를 비롯한 모든 국제금융기구들은 자신들의 기구 특성에 맞는 고유한 기술적 지원을 수행하고 있기 때문에 저개발국이 특정 국제금융기구에 가입해 제대로 활동하기 위해서는 이들이 제공하는 기술적 지원을 받아들여야 한다.

이러한 기술적 지원의 내용과 관련하여 우선 IMF는 장기적으로 해당국의 IMF에 대한 경제적 지원 수요를 줄이기 위한 전문적 지식과 관리능력의 함양을 목표로 하고 있다. 이에 따라 IMF의 기술지원은 ① 재정·통화정책 수립 및 실행에 대한 해당국 정부의 능력 함양, ② 중앙은행제도, 조세제도, 재무부 등 정책조직 등의 설립과 운영관리에 필요한 능력 함양, ③ 해당국의 경제 관련 법안의 작성 능력 함양 등을 내용으로 하고 있다.

IMF에 비해 World Bank의 기술적 지원은 주로 경제적 프로젝트의 구성이나 이에 대한 자문, 회원국 간의 지식전수, 경제관리들에 대한 교육프로그램 등에 그 초점을 맞추고 있다. 아시아개발은행(ADB)의 기술지원 역시 World Bank와 유사하게 각종 프로젝트의 선정과 준비를 위한 능력, 프로젝트의 운영에 필요한 지식과 기능, 지역적 이슈에 대한 전파와 그에 대한 토론 및 조사 등을 중심으로 전개되고 있다. 여기에 소요되는 자금은 회원국들의 출자금이나 잉여금, 차입금 등의 일반재원과 더불어 일본특별기금과 같이 외부공여기관으로부터 조달된 특별기금으로 충당되는 것이 일반적이다.

한편, 이상과 같은 기술적 지원의 특성으로 인해 종종 해당 국제금융기구에 가입하기 전에 기술적 지원이 제공되는 경우도 있다. 예를 들어, IMF가 가입조건으로 요구하는 각종 경제통계의 제출을 충족시키기 위해 가입 승인이 이루어지기 전이라도 해당 국가에 기술적 지원을 제공하는 것이다. 실제로 베트남의 경우 IMF와 World Bank에 가입하기 훨씬 이전인 1980년대부터 이들 기관으로부터 기술적 지원을 제공받은 바 있다.

(2) IMF의 지원

국제금융기구의 기술적 지원이 때때로 비회원국에게도 제공되는 것과는 달리 양허성 차관과 같은 자금지원은 철저히 회원국에게만 제공된다. 우선 IMF의 경우를 살펴보자.[9] 만일 북한이 IMF에 가입한다면, 북한은 IMF 회원국으로서 일정한 지분(quota)을 부여받게 된다. 이러한 지분은 북한의 경제상황을 상대 회원국들과 비교하여 결정되며, IMF에서의 북한의 모든 권한과 책임의 크기를 규정한다. 실제로 IMF에서 북한이 얻을 수 있는 차관과 같은 경제적 지원의 규모 역시 이러한 지분의 크기에 직접 연동되어 있다.[10]

현재 IMF는 크게 여섯 가지 형태의 차관을 회원국에 제공하고 있다. 이

9. IMF에 가입하기 위한 별도의 형식적 요건은 없으며, 특정 국가가 가입신청을 하면 가입자격을 IMF 이사회에서 심사해 총회의 인준을 받으면 된다. 그러나 현실적으로 모든 국가가 IMF의 회원국이 되는 것은 아니다. IMF 이사회가 특정 국가의 가입요청을 부적격하다고 판단해 기각할 수 있기 때문이다. 예를 들어, 그간 북한은 미국에 의해 테러지원국으로 분류되어 있었다. 그런데 미국의 국내 법규에 따르면, IMF와 같은 국제금융기구의 미국 대표는 테러지원국이 해당 국제금융기구에 자금지원을 요청하는 경우 의무적으로 이에 반대표를 던져야만 한다. 이를 유추 해석하면, 북한이 IMF와 같은 국제금융기구에 가입신청을 하는 경우 미국 대표는 의무적으로 이를 반대해야만 한다는 뜻이다. 문제는 미국이 IMF의 지분 16% 이상을 보유한 특별이사국이라는 점이다. 북한이 미국에 의해 테러지원국 명단에서 제외되지 않았다면 IMF에 가입할 방법이 없었다는 뜻이다. 물론 현재 북한은 미국의 테러지원국 명단에서 제외되어 있지만, 미국이 북한의 IMF 가입 등의 문제에 어떤 태도를 취할지는 여전히 미지수라고 볼 수 있다.

10. 2007년 현재 남한의 IMF 쿼터는 약 30억 SDR(약 45억 달러)이므로, 만일 북한의 GDP가 남한의 60분의 1이라고 한다면 북한의 쿼터는 약 0.5억 SDR 정도가 될 것이다. 한편 IMF의 양허성 지원자금인 '빈곤감소 및 성장지원 자금'의 경우 각국 쿼터의 최대 185%까지 지원 가능하기 때문에 이를 단순계산하면 북한이 IMF로부터 지원받을 수 있는 양허성 차관은 대략 최대 1억 SDR라고 볼 수 있다(장형수, 2007).

중 네 가지는 IMF의 고유 기능이라 할 수 있는 국제수지 및 통화의 안정과 관련이 있는 것이며, 나머지 두 가지는 최근 중요성을 더해가는 국제적 빈곤 문제 등에 대응하기 위해 만들어진 것이다. 먼저 IMF는 전통적인 국제수지 안정자금으로 단기적인 지원금융(stand by arrangement)과 확대기금지원(extended fund facility) 등 두 가지 형태의 자금을 지원한다. 전자는 보통 1~2년 만기, 후자는 통상 3년 만기로 지원된다. 또한 IMF는 특정 국가의 단기적인 수출입의 급변사태나 급격한 자본 유출입에 기인하는 국제수지 및 통화 불안정에 대응하기 위해 보상적 금융지원(compensatory financial facility)이나 보충적 안정기금지원(supplemental reserve facility)을 제공하기도 한다.

한편 IMF는 저개발국의 빈곤감소와 자연재해 등 경제적 피해에 효과적으로 대응하기 위해 회원국을 대상으로 빈곤감소 및 성장지원(poverty reduction and growth facility)이나 외부충격지원(exogenous shocks facility) 기금을 제공하고 있다. 이들 지원금은 연 0.5%의 저금리에다가 만기가 5~10년에 이르는 장기자금으로 IMF의 전통적 지원금과는 큰 차이가 있다.

(3) World Bank의 지원

IMF가 모든 국가로부터 가입신청을 받는 것과는 달리 World Bank는 IMF 회원국을 대상으로만 가입신청을 받는다. World Bank의 목표가 IMF 회원국을 대상으로 비교적 단기의 자금을 제공하는 IMF의 역할을 보충하여 장기의 경제개발자금을 지원하는 데 있기 때문이다. 한 가지 흥미로운 사실은 이러한 World Bank의 (장기)자금공여 기능이 IBRD(International Bank for Reconstruction and Development)와 IDA(International Development Agency)로 양분되어 있다는 사실이다. IBRD의 경우 중저소득국가를 대상으로 장기저리의 개발자금을 제공하는 반면, IDA는 저소득국가를 대상으로 거의 무상에 가까운 발전기금을 제공하고 있다. 따라서 World Bank의

회원국은 자금 수혜 형태에 따라 크게 세 가지로 나뉘는데, IBRD의 자금만 받을 수 있는 회원국과 IDA 자금만 받을 수 있는 회원국, 그리고 이 모두를 받을 수 있는 이른바 '혼합 회원국'이 바로 그것이다.

현재 World Bank는 투자차관(investment loan)과 개발정책차관(development policy loan) 등 두 가지 형태의 차관을 제공하고 있다. 투자차관은 경제성장을 위한 특정 프로젝트에 소요되는 장비나 자재, 물자 등 하드웨어는 물론 그에 수반되는 제도구축이나 기반 환경 개선 등을 지원하기 위한 경제적 지원이다. 반면 개발정책차관은 해당국의 거시경제 개혁이나 농업 및 산업구조 재편과 같은 경제정책을 수행하는 데 소요되는 자금을 지원하는 것이다. 과거 동유럽에 제공되었던 구조조정차관(structural adjustment loan)과 같은 자금 지원이 모두 통폐합되어 이러한 개발정책차관으로 전환된 것이다.

한편, 이러한 자금을 실제로 집행하는 IBRD와 IDA는 자금제공에서 약간의 차이를 보인다. IBRD의 차관은 IBRD의 국제자금시장에서의 자금모집 이자율에 일정한 수수료를 얹어 해당국에 대출해주는 형태를 띠는 반면, IDA의 경우에는 모든 융자를 무이자로 제공하고 0.5~0.75%의 수수료만을 제하고 있다.[11] 이러한 차이는 IBRD와 IDA의 자금모집의 차이에서 기인하는 것이다. IBRD는 국제금융시장에서 자체 신용으로 자금을 차입하여 이를 다시 회원국에 대출해주는 것을 주 임무로 삼고 있는 반면, IDA는 회원국의 특별기금을 모아서 이를 다른 회원국에 대출해주고 있기 때문이다.

(4) ADB의 지원

아시아 국가들을 대상으로 World Bank와 유사한 형태의 자금지원 기

11. IBRD와 IDA의 자금지원에 대해서는 World Bank(2007)를 참고하라.

능을 수행하는 국제금융기구가 바로 ADB이다. World Bank와 마찬가지로 ADB의 융자 형태는 크게 ① 일반재원으로 운영되는 일반재원차관과 ② 특별기금으로 운영되는 특별기금차관으로 나눌 수 있다. 일반재원차관은 ADB의 국제시장 자금차입 금리에 일정한 수수료를 더해 제공되며, 특별기금차관은 기본적으로 무이자로 차관을 제공하는 대신 매년 1% 내외의 수수료를 부과한다. 특별기금차관을 제공하기 위한 특별기금은 ADB 회원국으로부터의 출연금으로 충당되며, 만일 특별기금이 부족할 경우 ADB는 주기적으로 회원국들로 하여금 추가적 재원보충을 요구한다.

ADB는 융자유형에 있어서도 World Bank와 유사하다. 즉 ADB는 '프로젝트 융자'라는 형태로 World Bank의 투자차관과 유사한 융자를 수행하고 있으며, '프로그램 융자'라는 형태로 World Bank의 개발정책차관과 유사한 융자를 수행하고 있다.

한편 ADB의 가입 절차는 기본적으로 IMF와 유사하며, IMF에서 미국이 하는 역할을 ADB에서는 일본이 하고 있다는 점이 다르다. 실제로 일본은 ADB의 지분 20% 이상을 소유한 대주주이며, ADB에 자체의 특별기금을 제공하고 있는 국가이기도 하다. 향후 북한이 ADB에 가입하기 위해서는 미국뿐만 아니라 일본과의 관계개선 역시 필수적이라는 의미이다.

(5) 국제금융기구 자금지원의 조건성

국제금융기구로부터의 자금지원과 관련해서 한 가지 주의해야 할 사항이 있는데, 이들 국제금융기구의 지원은 이른바 '조건성(conditionality)'을 기본으로 하고 있다는 점이다. 즉 조건성을 충족시키지 못하는 경우에는 해당 국제금융기구의 회원이라고 하더라도 지원을 받을 수 없다. 예를 들어, 과거 동유럽의 사회주의 몰락과 그에 따른 시장경제로의 이행 시 IMF 등 국제금융기구는 지원의 전제조건으로 동유럽 경제의 강력한 구조조정을 요구하였다. 이러한 구조조정은 동유럽 경제의 강력한 안정화(stabilisation), 자유화(liberalisation), 사유화(privatisation) 정책을 그 주요 내용으로 하는 것이었다. 만일 이러한 구조조정의 속도와 수준, 내용이 국제금융기구의 기대에 미치지 못한 동유럽 국가들은 국제금융기구의 회원이라 하더라도 실질적으로 지원을 받는 데 많은 어려움을 겪었다. 이에 따라 동유럽의 이행 초기에 이들 지역에 대해 국제사회가 약속한 경제적 지원금액과 실제 지원금액 사이에는 상당한 차이가 있었다. 이는 향후 북한이 이들 국제금융기구에 가입한다고 하더라도 이들이 요구하는 강력한 구조조정을 제대로 수행하지 않거나 거부하는 경우, 우리가 기대하는 국제금융기구의 자금지원이 과연 얼마나 이루어질 것인지 의문시된다는 것을 의미한다. 이러한 의미에서 향후 우리의 중요한 역할 가운데 하나는 IMF 등 국제금융기구가 북한을 대상으로 제시하는 각종 경제적 지원의 조건성의 문제를 북한과의 사이에서 조화롭게 해결하는 것이 된다.

4) 국제민간자본의 투자와 지원

이상에서 살펴본 자금조달 채널은 각국의 정부나 국제금융기구를 중심으로 하는 공적인 자금조달 채널이라고 할 수 있다. 그러나 국내에서와 마찬가지로 해외에서의 자금조달 역시 국제민간자본에 의한 자금조달 채널이 존재한다. 국제금융기관에 의한 대북상업차관의 제공, 대북개발사업과 관련된 프로젝트 파이낸싱 그리고 외국인 직접투자가 그것이다.

우선 국제민간은행에 의한 대북상업차관을 생각해볼 수 있다. 그러나 현재 이를 위해서는 넘어야 할 산이 한두 가지가 아니다. 우선 북한은 과거 1970년대 서방 은행으로부터 도입한 외채를 상환하지 못해 사실상 지불유예(default) 상태에 빠져 있다. 국제적인 상업차관을 도입하기 위해서는 어떻게든 북한의 외채 문제가 해결되어야 한다는 뜻이다. 또한 현재 북한은 국제금융기구에도 가입되어 있지 않다. 일반적으로 민간은행들은 국제금융기구에 가입되지 않은 국가들을 대상으로 상업차관을 제공하지 않는다. 이렇게 보면 국제 민간금융기구에 의한 대북지원은 당분간은 힘들다고 보는 것이 현실적이다. 다만 향후 북한이 국제금융기구에 가입하여 이들로부터 적절한 자금지원을 받고, 북한의 외채 문제가 해결되며, 동시에 이를 토대로 북한의 경제사정이 점차 호전되는 경우처럼 상당 시간이 흐른 후에는 국제 민간은행에 의한 대북상업차관의 도입 가능성을 논의해볼 수 있을 것이다.

동일한 이유에서 북한에 대한 외국인 직접투자나 대북개발사업과 관련한 프로젝트 파이낸스 역시 쉽지 않을 것으로 보인다. 당분간 커다란 수익성을 가져다줄 만한 대북 개발 프로젝트가 많지 않고, 북한의 국가위험도가 매우 커서 해외의 민간자본이 투자하는 데 장애요인으로 작용할 것이기 때문이다. 이러한 측면에서, 매우 역설적으로, 이러한 직접투자나 프로젝트 파이낸스를 유도하기 위해서는 별도의 추가적 장치가 필요한 것처럼 보인다. 예를 들어, 남한이나 국제금융기구 등이 관련된 대북개발사업에 대해 일정한 보증을 수행하는 것이다. 다행히 IFC(International Finance Cooperation)나 MIGA(Multilateral Investment Guarantee Agency)와 같이 저개발국에 대한 (투자)보증을 수행하는 국제금융기구가 존재하는 만큼 이를 활용하는 것도 한 가지 방법일 것이다.

5) 동북아 전문 개발은행의 창설

앞에서 언급한 것처럼 기존의 국제금융기구 등을 통한 대북 재원의 조달은 현실적으로 여러 난관에 봉착할 가능성이 있다. 이러한 이유로 인해 자주 논의되고 있는 방안 가운데 하나가 바로 '동북아개발은행'(가칭)과 같은 역내 개발은행을 새로 설립하는 것이다. 남한, 중국, 일본 등 동북아 역내 국가와 미국, 호주 등 역외 국가, 그리고 World Bank나 ADB와 같은

〈그림 5-2〉 해외 재원의 조달 형태

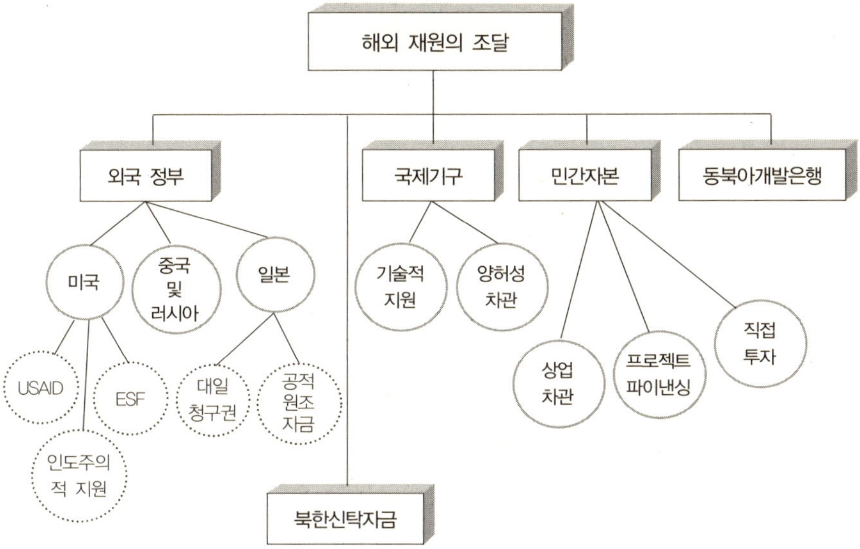

국제금융기구의 출자를 받아 동북아 지역개발을 전문으로 하는 금융기관을 설립함으로써, 북한 개발과 관련된 TSR-TCR 연결사업이나 러시아 가스전 개발 및 북한으로의 파이프라인 연결, 북한과 연관된 두만강 유역의 공동개발, 그리고 북한 자체의 여러 사회간접자본 구축을 효과적으로 지원하는 것이다.

만일 이러 구상이 구체화되는 경우에는 북한 개발과 관련된 자금조달 시 기존의 국제금융기구를 이용하는 것과 같이 까다로운 절차와 조건이 필요하지 않을 수도 있다. 또한 북한 개발과 관련된 실질적 이해 당사국들이 직접적인 주도권을 쥐고 재원조달 및 집행의 전 과정을 주도해갈 수 있다는 장점도 있다. 더욱이 과거 서유럽 국가들이 동유럽의 시장경제로 이행을 지원하기 위해 EBRD(European Bank for Reconstruction and Development)와 같은 전문금융기관을 출범한 사례도 있다.

그러나 이러한 구상은 여전히 구상 또는 논의로만 그치고 있으며, 이의 구체적 실행 단초가 아직 존재하지 않는다는 점에서, 그것이 얼마나 실질적인 것인지에 대해서는 여전히 의문이 남아 있다. 또한 이러한 구상 자체에도 많은 의문이 제기되고 있다. 만일 이러한 개발은행이 설립되어 북한에 일반자금을 제공한다면, 현재 북한의 경제상황을 고려해볼 때 그 개발은행의 신용도에 상당한 악영향을 미칠 것이다. 따라서 현실적으로 동 은행이 북한에 자금을 지원하기 위해서는 남한이나 일본 등 관련 당사자들로부터 특별기금을 모집해야 하는데, 이 경우 특별자금을 제공하는 당사자들의 입장에서는 이를 World Bank와 같은 기존의 국제금융기구를 통해 북한신탁기금으로 처리하는 것이 더욱 유리할 것이다. 이것이 향후 북한의 국제금융기구 가입에 기폭제가 될 수 있기 때문이다. 현실이 이렇다면, 굳이 동북아개발은행과 같은 별도의 역내 국제은행을 설립하는 것이 과연 북한의 개발 및 남북경협자금 모집에 어떤 긍정적 효과가 있는지 의심된다는 것이다.

5. 한반도 경제공동체 형성을 위한 재원조달과 남한의 역할

이제까지 우리는 남북경협 및 북한 개발에 소요되는 재원의 조달채널과 관련하여 과거 이행경제의 사례에서부터 출발하여 남한에서의 조달 채널과 해외에서의 조달 채널 등을 살펴보았다. 이러한 과정을 통해 한 가지 흥미로운 사실을 알 수 있었는데, 그것은 북한과 관련된 재원조달 채널이 시기적으로 매우 순차적일 가능성이 있다는 사실이었다. 다시 말해, 남북경협 및 북한 개발과 관련된 자금은 우선 남한, 특히 그 가운데에서도 남한 정부라는 채널을 통해 조달될 가능성이 높으며, 이것이 순차적으로 남한의 민간 부문과 주변국 정부를 비롯한 해외의 공적인 재원조달 채널로 확산되고, 더 나아가서는 국제금융기구와 국제민간자본으로까지 확대될 것이라는 판단이다. 그런데 이러한 재원조달 채널을 확대하기 위해서는 남한, 특히 남한 정부의 노력이 매우 중요할 것이라는 점에 대해서는 이견의 여지가 없다. 현재 북한의 경제상황과 국제적 위치를 감안할 때 북한 당국이나 여타의 경제주체가 이를 담당할 가능성은 전혀 없기 때문이다. 이렇게 보면 향후 남한 정부는 남북경협 및 북한 개발 관련 재원을 모집하기 위해 다음과 같은 점에 특히 주의를 기울여야 한다.

첫째, 남한의 (공적)자금을 남북경협 및 북한 개발에 사용하는 것과 관련하여 국민적 공감대를 다시 한 번 형성하는 것이 매우 중요하다는 점이다. 남한의 (공적)자금은 현실적으로 북한과 관련된 모든 경협사업의 발전을 가름하는 가장 중요한 재원조달 채널임이 분명하다. 따라서 이러한 재원조달 채널이 흔들리게 되면 현재 추진되고 있는 남북경협은 물론 향후 국제적인 차원에서 전개될 것으로 판단되는 본격적인 북한 개발 관련 사업 역시 사실상 불가능할 것이다. 이러한 이유에서 남한 정부는 북한과 관련된 각종 경협사업에 우리의 공적 자금을 이용할 수밖에 없는 불가피성을 국민들에게 적극 홍보하고, 그에 대한 국민적 공감대를 튼튼히 하는 일이 그 어떤 경협사업을 추가로 진행하는 것보다 더욱 중요한 일이라고 할 수 있을 것이다.

둘째, 남한 정부는 북한과 주변국의 관계개선을 적극 주선할 필요가 있다. 북한이 미국과 일본 같은 주변국들과 관계개선을 하는 것은 비단 정치적으로 한반도의 평화를 증진하는 데 중요할 뿐만 아니라, 경제적으로 북한에 대한 해외자금을 유입시킬 수 있는 가장 직접적이며 결정적인 계기가 되는 것이다. 따라서 남북경협 및 북한 개발을 위한 경제적 부담을 지고 있는 남한이 이러한 부담을 덜어내기 위해 해외의 자본을 이용하고자 할 때 시도해야 하는 첫 번째 작업이 바로 북한과 주변국들 사이의 (정치적) 관계개선을 주선하는 일이다.

셋째, 남한은 향후 북한의 국제금융기구 가입 및 이들로부터의 자금지원과 관련하여 예상되는 각종 조건과 문제점을 미리 파악하여, 이를 북한에 알려 대비하게 만드는 일종의 조언자 또는 교육자의 역할을 수행할 필요가 있다. 북한의 국제금융기구 가입 등과 관련하여 일종의 한국판 기술지원을 수행할 필요가 있다는 뜻이다. 동시에 한국은 향후 국제금융기구가 북한에 요구하는 각종 정치적 · 경제적 · 사회적 조건을 적절히 파악하여, 그것들의 내용과 형식 그리고 수준을 북한 대신 기술적으로 협상할 수 있는 조정자로서의 역할 역시 수행할 필요가 있다. 과거 동유럽의 경우를 보면, IMF나 World Bank와 같은 국제금융기구들이 이행경제에 요구하는 사항은 결코 간단한 것이 아니었다. 이들의 전체 사회체제를 일시에 뒤엎을 수도 있을 만큼 광범위하고도 급진적인 사회 · 경제적 개혁조치를 요구하는 일이 매우 일상적이었던 것이다. 그런데 북한은 정치적으로 매우 고집 세고, 경제적으로 매우 경직된 사회주의 체제를 유지하는 국가이다. 국제금융기구들이 지원의 전제로 내세우는 각종 급진적 조건들을 호락호락 들어주지 않을 가능성이 큰 국가라는 뜻이다. 이렇게 보면 비록 북한이 국제금융기구에 가입한다고 하더라도 이들로부터 실제적인 자금지원을 받는 것은 매우 어려운 일이 될 수 있다. 남한은 바로 이러한 상황을 염두에 두고 국제금융기구와 북한 사이의 실질적 조정자의 역할을 대비해야 한다는 뜻이다.

마지막으로 넷째는 국제민간자본의 북한 투자를 유도하기 위한 사전 정지작업을 한국이 준비해야 한다는 것이다. 여기에서 ① 북한의 외채 문제를 해결하고, ② 국제사회에 내세울 수 있는 대북진출기업의 수익성 모형을 정립하는 일이 중요하다. 과거 동유럽의 경우에서 볼 수 있듯이, 향후 남북경협 및 북한 개발의 결정적 변수는 해외 민간자본의 북한 진출 여부이다. 그런데 해외 민간자본은 현재처럼 북한이 국제경제에서 파산상태에 놓여 있는 한 결코 대규모로 북한에 진출할 수 없다. 남북경협 및 북한 개발의 궁극적 성공을 위해서는 어떤 형태로든 북한의 외채 문제가 해결되어야 한다는 뜻이다. 또한 북한은 해외자본을 대상으로 대규모 사유화를 단행할 수 있는 나라도 아니다. 다른 많은 이행경제에서처럼 해외자본이 북한의 자산을 획득하기 위해 진출할 수도 없다는 것이다. 이렇게 보면 해외자본이 북한에 진출하게 만드는 유일한 방법은 북한을 매력적인 투자처로 보이게 만드는 것뿐이다. 바로 이러한 이유에서 북한에 진출하려는 대다수 해외자본은 그간 우리 기업이 북한에 진출함으로써 어떤 성과를 얻었는가를 바라볼 것이 분명하다. 우리의 대북진출을 통해 형성된 북한 관련 수익성 모델을 하루빨리 정리하여, 보다 매력적인 모습으로 국제사회에 제시하는 것이 그 어떤 호소보다도 해외자본의 대북진출을 촉진하는 계기가 될 것이다.

제 6 장

결 론

한반도 경제공동체를 향하여

2007년 두 번째 남북정상회담(10월)과 총리회담(11월)이 개최됨으로써 한반도의 평화와 남북교류협력, 더 나아가 한반도 경제공동체 형성에 대한 기대가 한층 높아졌었다. 그러나 2차 남북정상회담이 대통령선거 직전에 치러졌다는 점에서 정치적 논쟁거리가 되었고, 이어 선거에서 승리한 이명박 정부는 2차 남북정상회담에서 합의한 사업에 대해서 비판적 시각을 가지고 접근하고 있다. 물론 이명박 정부가 10.4합의를 존중한다는 입장도 표명했지만 이전 정부들이 해왔던 남북경협 방식에서 벗어나 ① 핵문제의 진전, ② 경제성, ③ 재정부담 능력, ④ 국민합의 등 네 가지 전제조건 아래서 추진하겠다고 밝혔다. '비핵 · 개방 · 3000'[1]으로 대표되는 이명박 정부의 대북정책의 구상이 아직 구체화되고 있지는 않지만 대북정책을 "이념의 잣대가 아니라 실용의 잣대로 풀어가겠다"는 입장을 표명했으며 민족 중심의 논리를 넘어 세계적인 보편가치 속에서 국제협력을 한층 중요시하겠다는 입장도 밝힌 바 있다. 특히 핵심전략인 '비핵 · 개방 · 3000'은 북한이 핵 폐기 결단을 내리고 개혁 · 개방을 추진할 경우 북한의 경제회생을 적극 지원하여 10년 내에 북한 주민 1인당 국민소득을 3,000달러로 끌어올리겠다는 구상으로, 북한이 핵을 폐기할 경우 과거보다 더 확

1. '비핵 · 개방 · 3000' 구상은 북한이 핵을 포기하면 '비핵 · 개방 · 3000' 구상을 가동하고 북한 경제를 수출 주도형으로 전환하도록 하며, 400억 달러 상당의 국제협력자금을 투입하여 북한 주민들의 1인당 국민소득을 3,000달러 수준으로 높이겠다는 구상이다.

대된 형태의 남북경협이 이루어질 수 있음을 시사한다.

실상 한반도 경제공동체가 형성되기 위해서는 이명박 정부가 언급하고 있는 것처럼 북한의 비핵화와 개방은 필수조건이다. 특히 북한 경제의 개방과 시장경제로의 전환은 한반도 경제공동체 형성에 가장 중요한 전제조건이기도 하다. 여기서 개방이라 함은 이미 제4장에서도 언급되었듯이 '단순한 지역적 개방'을 넘어, 북한이 국제사회가 합의하고 존중하는 보편적 가치 및 규범의 수용과 제도화를 추진하는 과정을 의미한다.

이명박 정부가 이전 정부와의 차별화를 통해서 남북경협의 실질적 효과를 높이고 북한 경제의 개방과 개혁을 강조한다는 점과 남북경협의 실질적 진전을 강조한다는 점에서 바람직한 방향 설정이라 판단된다. 그러나 이러한 정책들이 얼마나 실효성 있게 북측에 수용될지는 미지수이다. 우리가 한반도 경제공동체를 형성하기 위해서는 남북한 경제의 상호 의존도를 제고하고 북한 경제의 자력성장을 위한 기반을 구축해나가는 것이 중요하다. 특히 남북한 경제가 하나의 공동체를 형성하기 위해서는 남북한 간의 경제관계가 안정적으로 경제성 있게 발전해나갈 수 있도록 관리하는 것이 중요하다. 남북경협이 일방적인 의존관계 혹은 단순한 양적 증대만을 추구할 경우 장기적으로 발전하기 힘들기 때문이다.

경제적 상호 의존도를 증가시키면서 일방적인 경제적 의존도가 형성되는 것을 방지하기 위해서는 가시적으로 나타나는 남북한 간의 경제적 격차를 줄여나가는 노력이 필요하다. 따라서 소득과 생활수준의 격차, 경제관리 및 운용체계의 차이, 경제의식의 차이 등을 완화시켜나가는 작업을 체계적으로 추진할 필요가 있다. 실상 남북한의 경제상황이 매우 다르기 때문에 협력의 접점을 찾기가 쉽지는 않다. 남북한의 경제수준을 나타내는 국민소득을 비교해보면, 남한의 1인당 국민소득은 2007년을 기준으로 2만 달러가 넘는 데 비해 북한은 1,152달러에 불과하다.[2] 실제 전문가들은 북한의 1인당 GNI는 약 300~500달러 정도에 불과한 것으로 추정하고 있다. UN 통계국은 2007년 북한의 1인당 GNI를 617달러로 발표하였다. 북한 경제는 1976년 국제사회로부터 파산선고를 받은 데 이어, 탈냉전 이후 사회주의권의 시장 상실, 대규모 자연재해 등으로 완전히 붕괴되었다. 또한 '고난의 행군' 기간 동안 굶주림과 질병으로 200만 명이 사망했으며, 30만 명의 탈북자와 500만 명의 빈민층이 생겨났다. 그 결과 1인당 국민소득도 239달러(1995년), 457달러(1998년)로 떨어졌으며, 현재 적게는 300달러, 많게는 500달러 정도의 수준으로 평가되고 있다.

남북경협과 한반도 경제공동체 형성은 이런 점에서 상당한 문제를 안고 있다. 즉 한반도 경제공동체를 성공적으로 추진하려면 특히 북한 경제가 상당한 수준으로 발전해야 하는데, 현실은 그와는 반대로 남북한의 경제력 격차가 점점 더 커지고 있다. 앞장에서도 언급되었듯이 북한은 2002년 7월 전면적인 '경제개혁'을 단행하여 상품가격을 조정하고 임금현실화를 시도했으나 환율과 물가의 폭등으로 경제의 불안정성은 오히려 커지고 있다. 사회주의 경제의 구조적 문제점에다 천재지변과 자연재해까지 겹쳐 북한 경제는 회생불능의 단계에 있다. 한반도 경제공동체를 원활하게 형성하고 남북경협을 활성화하기 위해서는 북한 경제의 생산능력을 높이는 것이 무엇보다도 중요하다.

이러한 관점에서 필자들은 제1장에서는 한반도 경제공동체의 의의와 비전에 대해서 언급했고, 제2장에서는 남북경협사업의 현황과 과제에 대해서 논의하였다. 제2장에서는 먼저 현시점까지의 남북경협의 성과를 남북교역과 주요 협력사업을 위주로 평가하였고, 향후 남북한 간의 상생과 공영을 위한 발전전략을 제시하였다. 남북경협은 지난 20여 년 동안 두

---

2. 한국은행이 북한의 1인당 GNI를 1,152달러로 추정한 것은 과대한 수치이다. 2007년 중국의 1인당 GNI가 2,360달러인 것을 감안하면 북한의 1인당 GNI는 중국의 절반 수준이며 같은 해 790달러를 달성한 베트남에 비해 1.5배가 높은 수치이다. UN 통계국은 2007년 북한의 1인당 GNI를 617달러로 밝히고 있다.

차례의 남북정상회담 등 다양한 협의체를 통해 양적으로나 질적으로 크게 성장하였다. 특히 개성공단, 금강산 관광특구, 철도 · 도로 연결사업 등 3대 경협 과제를 중심으로 일방향적 지원에서 상호 협력의 개념이 보다 강화되었으며, 2007년 2차 남북정상회담을 통해 다양한 추가 협력사업의 추진에 합의함으로써 경협사업이 확대 · 발전하는 계기를 맞이하였다. 그러나 사업의 불확실성으로 인한 낮은 투자매력도와 부실한 교통 인프라 수준 등은 기존 협력사업의 활성화를 저해하는 요인으로 작용하고 있으며, 추가 합의한 사업들의 경우도 아직 구체적인 논의가 이루어지지 못하고 있다. 이에 따라 ① 3대 경협사업의 추진성과 및 개선방향, ② 10.4합의 사업의 추진 방향과 과제, ③ 기타 분야별 경협사업의 추진 과제 등 3개 부문으로 구분하여 향후 남북경협사업의 활성화를 위한 구체적인 추진 방안을 제시하였다. 특히 제2장에서는 현재 논란이 되고 있는 10.4합의 경협사업에 대한 각 사업별 타당성 평가와 추진시기에 대한 언급을 통해서 보다 적극적이고 실효성 있는 경제협력이 될 수 있는 방향을 제시하였다.

제3장에서는 남북한이 한반도 경제공동체 형성을 지향할 때 바람직한 남북한 간의 산업구조와 이러한 산업구조를 형성하기 위한 남북한 간의 분업 및 협업구조라는 기본 문제를 다루었다. 구체적으로는, 한반도 경제공동체 형성을 위한 대북한 투자 및 지원 정책이 남한과 북한의 경제성장에 미칠 중 · 장기적 효과를 동시에 고려하였다. 또한 남북한 분업 및 협업구조의 설계라는 틀 속에서 이루어질 필요가 있다는 전제하에서, 현재 남한의 주력산업 중에서 중 · 장기적으로 생산기지의 역외 이전이 이루어질 산업으로서 고졸 숙련공 위주의 노동집약적이며 부가가치 자본생산성이 높은 산업을 북한에 유치, 육성할 산업으로 선정할 것을 제언하였다. 이러한 정책 기준 아래서 북한에서 육성할 산업으로 통신기기 산업과 자동차 산업이 가장 유력하다고 보고 있으며, 조선 산업과 반도체 산업도 가능성이 높은 산업으로 꼽고 있다. 그런데 이러한 산업들의 공통적인 특

징 중 하나는 대규모의 자본재 투자가 필요한 산업들이라는 점이다. 따라서 이러한 대규모 자본재 투자가 북한 지역에 이루어질 수 있는 환경의 조성이 선행되어야 하며, 남북한 당국, 남한 기업, 국제기구의 역할이 이러한 환경의 조성과 투자에서 중요함을 강조하였다. 실상 북한 경제가 남한과 경제공동체를 형성하기 위해서는 어떤 발전전략을 구사하느냐도 중요하다. 이러한 내용들은 이 책에서 논의되지는 않았지만 제3장에서 언급하고 있는 협력사업들을 위주로 수출지향적 공업화를 지향하며 제조업 부문의 빠른 성장이 전체 경제성장을 견인하도록 추진해야 한다. 북한 경제가 수출주도형 경제개발을 해야 하는 이유는 북한의 경제 규모와 내수시장 규모가 작기 때문이며, 남한의 자본과 외자를 바탕으로 수출주도형 경제개발을 하는 것이 북한의 경제성장에 더 크게 기여할 수 있기 때문이다. 특히 경제협력 초기단계에는 소비재 중심의 노동집약적 부문에 대한 투자를 우선하고, 어느 정도 성장기반을 갖출 것으로 기대되는 단계부터는 앞서 언급되었던 전기·전자·통신·반도체·자동차·조선 산업 등에 대한 투자를 본격화해야 한다.

제4장에서는 북한 경제체제의 체제전환에 대해서 다루고 있다. 특히 한반도 경제공동체 형성을 위해 북한이 달성해야 하는 최소한의 제도개혁이 무엇인지를 중점적으로 논의하였다. 장기적으로 협력을 넘어서 한반도 경제공동체가 형성되기 위해서는 북한 경제에도 변화가 필요하며, 이를 통해 산업 재배치 수준의 전면적인 대북투자가 가능한 환경이 조성되어야 할 것이다. 투자환경 개선을 위한 첫 번째 과제는 더욱 많은 외국인 직접투자(FDI) 유치를 위한 경제특구의 활성화이다. 특히 특구지역의 집중육성을 위해서 특구 내에서는 보다 과감한 시장경제 실험을 시행하고 타 지역 북한 기업과의 연관효과가 높은 산업을 집중적으로 육성할 필요가 있다. 두 번째로 대북투자를 활성화하기 위해서는 경제자유화 조치가 확대 적용될 필요가 있다. 북한 기업소의 자율성을 대폭 확대하는 한편

무역자유화, 환율현실화, 상품시장의 자율성, 토지사용권의 장기적(30~50년)인 보장 조치 등이 우선적으로 검토되어야 한다. 세 번째로 한반도 경제공동체를 형성하기 위해서는 조세제도를 도입하는 것이 시급하다. 개인에 대한 과세 중에서는 근로소득세를 북한에 신규 도입하는 것이 가장 시급한 문제이며, 부가가치세의 도입도 필요하지만 이는 세무행정체계가 정비된 이후에 단계적으로 실시할 필요가 있다. 네 번째로 '북한판 마셜플랜' 등을 통해 북한 지역의 경제개발을 지원해야 한다. 즉 북한의 자구노력과 경제개발의 연계, 그리고 민간투자의 지원을 통해 북한의 경제개발을 지원하는 것이다. 마지막으로 북한의 개혁・개방을 위해서 주변국(6자회담 대상국)들은 북한과 시장경제와 관련된 지식협력을 강화해나갈 필요가 있다.

제5장에서는 한반도 경제공동체 형성을 위한 재원조달 방안에 대한 여러 옵션에 대해서 자세히 다루었다. 현재 우리는 남북관계의 발전을 지원하기 위해 남북협력기금 등 여러 금융지원제도를 갖추고 있으나, 한반도 경제공동체 형성 차원에서 보다 다양한 재원조달 방안을 검토할 필요가 있다. 이에 재원조달 경로를 국내외로 나누어 검토하였다. 국내에서의 조달은 남북협력기금의 확대, 대외협력기금 및 공적개발원조의 활용 등 기존 제도를 활용하거나 목적세 신설, 자본시장에서의 차입, 민간자본의 활용(프로젝트 파이낸싱) 등을 통해서 가능할 것이다. 해외에서의 재원조달 방안으로는 외국 정부에 의한 양자적 지원, 북한신탁기금의 창설과 북한지원그룹의 결성, IMF와 같은 국제금융기구의 지원, 국제민간자본에 의한 대북투자 및 지원, 동북아개발은행과 같은 별도의 지역개발은행의 신설 등을 검토해볼 수 있다. 그러나 이러한 조달 채널은 시기에 따라 순차적으로 활용될 수 있으며, 우선은 자금지원 등에서 남한 정부의 역할이 매우 중요하게 검토되어야 한다. 이를 위해 경협사업에 대한 정부재원 투입의 공감대 형성, 해외자금 유치를 위한 주변국과의 관계개선 주도, 북한의 국

제금융기구 가입 및 자금지원과 관련한 각종 지원의 노력이 필요할 것이다. 또한 북한의 경제개발에 필요한 재원이 조달되더라도 이를 효율적으로 운영할 수 있는 계획이 마련되어야 한다. 마련된 재원은 우선적으로 직업생산 부문에 투자되어야 한다. 또한 초기협력단계에서는 해외원조를 종자돈(seed money)으로 활용하고 외국인 직접투자를 적극 유치해 자본·기술·경영기법을 전수토록 해야 한다. 북한 경제가 일정 수준에 오르게 되면 무역확대를 통한 외화획득을 중점 추진해야 한다. 북한이 추구해야 하는 외국인 직접투자 유형은 북한 기업의 낮은 경영 수준을 감안하여 합작보다는 외국인 단독기업 유치를 우선하는 것이 바람직하다. 값싼 노동력 활용을 목적으로 하는 저비용 지향형 외국인 직접투자를 중점적으로 유치해야 할 것이다.

한반도 경제공동체 형성과 관련하여 중요한 또 하나의 논의는 어떤 단계와 과정을 거쳐서 경제공동체를 형성할 것인가이다. 경제공동체는 그 수준에 따라 여러 단계로 세분화할 수 있는데, 발라사(B. Balassa)는 경제공동체 형성을 그 대상이 되는 국가 상호 간의 내부 결속도와 이에 참가하지 않는 국가에 대한 차별 정도에 따라 자유무역지대(Free Trade Area), 관세동맹(Customs Union), 공동시장(Common Market), 화폐 및 경제동맹(Monetary & Economic Union), 그리고 완전한 통합(Complete Integration)의 다섯 단계로 구분한다(Balassa, 1973).

한반도 경제공동체가 발라사가 분류한 5단계를 거치게 될지 아니면 다른 어떤 유형을 택하게 될지는 알 수 없다. 경제학적으로 보면 경제공동체 형성을 촉진하는 요인은 관세동맹이라는 경제요인이라고 할 수 있지만, 역사적으로 보면 정치·사회적 요인들이 공동체 형성에 더 큰 영향을 미쳤음을 알 수 있다. 국가 간의 산업기술, 소득수준 및 경제발전 단계의 유사성이 높을수록 통합의 효율성이 높으며, 통합에 참가하는 각국의 경제정책, 경제활동 등에서 공통점이 많을수록 경제통합이 촉진된다. 이에 비춰볼 때 한반도 경제공동체의 형성에는 이질적인 경제체제, 주권 문제, 경제수준과 경제규모 차이 등이 문제가 될 수 있다. 이런 점에서 한반도 경제공동체는 점진적 · 단계적으로 추진함으로써 제도적 통합을 추구해야 할 것이다.

남북한 경제통합의 초기형태로 최근 '남북 FTA' 또는 '남북한 CEPA(경제협력강화약정, Closer Economic Partnership Arrangement)' 그리고 한반도 경제공동체 협정(KECCA)이 제안되었다. 전자는 2007년 제2차 남북정상회담 준비 과정에서 한반도 경제공동체 형성 전략으로 논의가 된 바 있고, 후자는 이명박 정부의 대북정책에서 북한의 핵 폐기 이후 한반도 경제공동체 형성을 위해 제안된 것이다. 전자와 후자 모두 남북경협을 업그레이드시키기 위해서 '민족 내부거래'로 규정되어 있는 남북한 간의 무관세 거래를 국제적으로 인정받아야 할 필요성이 있기 때문에 제안된 것이다. CEPA는 지난 2003년 6월 중국과 홍콩 특별행정구 간에 체결된 협정으로, 중국과 홍콩 간의 일국양제(一國兩制)라는 특수성 때문에 국가 대 국가의 협정인 FTA가 아닌 비조약적 성격의 '약정(arrangement)' 형식으로 체결한 사실상의 FTA라고 할 수 있다.[3] 남북한도 남북관계의 특성상 국제조약은 체결할 수 없기 때문에 중국-홍콩 사례를 준용해 CEPA 같은 형식으로 사실상의 FTA를 체결할 수 있을 것이다. CEPA가 남북한의 자유무역협정의 개념으로 추진되고 있는 것으로 남북한이 공동시장의 개념으로 접근하여 상호 제약이 없는 무역을 추진하는 개념인 반면, 한반도 경제공동체 협정(KECCA)은 관세동맹과 공동시장의 단계로 진입하는 단계를 의미한다. 이 단계에서는 상품과 생산요소의 자유로운 이동이 전제되고 대북투자가 더욱 본격적으로 이루어지는 단계라 볼 수 있다. 이 단계에서는 남한뿐만이

3. 중국과 홍콩의 CEPA 체결로 270여 개 품목이 무관세 혜택을 받게 되고 서비스 분야는 경영컨설팅 서비스, 보안, 보험, 법률, 물류, 교통 등 다방면에서 탈규제의 혜택을 받게 되었다.

아니라 국제사회의 자본이 집중적으로 북한으로 진출하는 단계이며 본격적으로 북한 경제가 도약하는 단계로 볼 수 있다. 이러한 단계가 더 진전된다면 마지막 단계인 화폐 및 경제의 통합을 통해서 한반도 경제공동체의 최종적인 목표에 도달하게 될 것이다.

마지막으로 한반도 경제공동체를 형성하기 위해서는 남북한이 균형 잡힌 경제적 상호 의존도를 유지하는 가운데 경제통합을 진행하고, 빠른 시일 내에 북한이 자체적인 성장기반을 구축할 수 있어야 함을 다시 강조한다. 북한이 대외적으로 개방된 이후에도 자체적인 경쟁력을 증대시키지 못하여 남한을 비롯한 국제사회의 경제지원에 대한 의존도가 감소하지 않을 경우, 새로운 갈등을 유발하는 요인으로 작용할 것으로 예상되기 때문이다. 또한 자력성장에 필요한 기반을 북한 지역에 구축한다는 것은 남북한의 균형발전을 위해서도 중요한 작업이다. 북한의 자력성장 기반을 구축하기 위해서는 남한 및 국제사회와의 협력도 중요하지만 무엇보다도 북한 스스로가 지속적이고 체계적인 변화 노력을 통해 체질개선작업을 해야 한다. 보다 효율적인 시스템이 구축되지 않는 한 북한 지역에 대한 투자는 성과를 거두기 어려울 것이다. 또한 북한의 변화가 없이는 우리가 추구하는 경제공동체의 형성은 불가능할 것이기 때문이다. 이러한 점에서 제4장에서 제안한 여러 형태의 시장경제제도로의 전환이 북한의 경제회생과 한반도 경제공동체 형성을 위해 가장 중요한 과제임은 두말할 나위가 없다.

참고문헌

김석진 · 김지목. 2005. 「중국 신흥 주력산업의 도전과 한국의 대응」. LG경제연구원.

김영윤. 2006. 『북한 경제개혁의 실태와 전망에 관한 연구』. 통일연구원.

데일리 NK. 2006. 「북 황해남도 쌀가격 절반이상 하락」. [Retrieved on November 14, 2006 from http://www.dailynk.com/korean/read_print.pjp?catald=nk09000&num=755]

박응격. 1995. 『통일 이후를 대비하는 정부 인력관리의 과제와 대책』. 한국행정연구원.

박태호. 2000. 「주요 산업별 대북한 진출유망업종 선정방안」. 『통일과 국토』 3: 41-53.

산업연구원. 2007. 「2007년 하반기 경제 · 산업전망 : 거시경제와 산업별 전망」.

신동천. 2004. 「대북지원의 경제적 효과」. 『응용경제』 6(1): 69-90.

양현모. 1997. 『독일 통일의 경험이 남북한 체제 통합에 주는 교훈 : 행정통합을 중심으로』. 한국행정연구원.

오정수. 2007. 「북한 산림 복구를 위한 남북 협력현황 및 발전과제」. 제1차 산림포럼 발표자료.

이석. 2005. 『북한의 경제개혁과 이행』. 통일연구원.

이석. 2007. 『북한의 통계 가용성과 신뢰성』. 통일연구원.

이석기. 2005. 『북한의 산업발전 전략과 남북경협』. 산업연구원.

이영선 · 이태정 · 정형곤. 2003. 『대북투자, 어디에 어떻게: 대북투자의 입지 및 업종선정과 관리전략』. 도서출판 해남.

장형수. 2007. 「대북경제지원을 위한 국제협력방안」. 산업연구원 주관 남북정상회담 이후 남북경협의 비전과 전망 세미나.

전병유 · 이일영 · 김연철 · 양문수. 2007. 『북한의 시장 · 기업개혁과 노동인센티브 제도』. 한국노동연구원.

정형곤 외. 2007. 「남북경제발전을 위한 재정전략」. 대외경제정책연구원.

조동호. 2000. 「북한의 노동력 수준 평가와 활용방안」. 『KDI 정책연구』 22(1): 285-362.

조동호 · 박진 · 신지호 · 정연호 · 김현종 · 김은영. 2003. 「북한경제 발전전략의 모색」. 한국개발연구원.

조명철 · 홍익표 · 문병집 · 배종렬 · 임강택 · 권영경 · 조영기. 2003. 「북한경제개혁의 추진현황과 남북한 및 국제사회의 역할」. 정책연구 03-14. 대외경제정책연구원.

조정아. 2005. 『북한의 노동인력개발 체계: 형성과 변화』. 통일연구원.

좌승희 · 문정인 · 노정호 편. 2003. 『한반도통일핸드북(I~IV)』. 한국경제연구원.

최수영. 2006. 『7.1조치 이후 북한의 농업개혁과 과제』. 통일연구원.

KOTRA. 2008. 「2007년 북한의 대외무역동향」.

통일부. 2000~2004. 『북한개요』.

통일부. 2000~2007. 『교류협력동향』.

한국은행. 2008. 「2007년 북한경제성장률 추정결과」. 2008년 6월 18일 공보(2008-6-26호).

Balassa, B. 1973. *The Theory of Economic Integration*. London: George Allen & Unwin Ltd.

Bank of Korea. 2005. "Economic Index of S. Korea and N. Korea Original Title in Korean"(남북한의 주요경제지표 비교). [Retrieved on September 26, 2006 from www.bok.or.kr/template/main/print/print_pop.jsp]

Barre, R., W. H. Luers, A. Solomon, and K. J. Ners. 1992. *Beyond Assistance*. Institute for Eastwest Studies European Studies Center, Prague.

Gey, P. 2004. "North Korea: Soviet-Style Reform and the Erosion of the State Economy." [Dialogue + Cooperation 1, Retrieved December 10, 2006 from www.asianperspective.org/articles/v29n3-c.pdf]

Haggard, S. and M. Noland. 2005. "Famine, Marketization, and Economic Reform in North Korea." [Retrieved December 9, 2006 from www.aeaweb.org/annual_mtg_papers/2006/0107_0800_1502.pdf]

Havrylyshyn, O. and D. Mcgettigan. 2009. "Privatization in Transition Countries: A Sample of the Literature." IMF working paper.

Kim, Y. 2005. "Understanding North Korea's Economic Reforms." [Retrieved November 17, 2006 from http://www.kinu.or.kr/eng/kinu/about/announcement.asp?ptype]

Lee, J. 2004. "North Korea's Economic Reform under an International Framework." Seoul, South Korea: Korea Institute for International Economic Policy.

Lee, Y. 2005. "An Analysis of the Effect of North Korea's International and Inter-Korean Trade on its Economic Growth." *Economic Papers*, 8(1): 175-211.

Roland, G. 2000. *Transition and Economics*. MIT Press.

Seliger, B. 2005. "The July 2002 Reforms in North Korea: Liberman-Style Reforms or Road to Transformation?" *North Korean Review*, Fall, 22-37.

Tarnoff, C. and L. Nowels. 2004. "Foreign Aid: An Introductory Overview of U.S. Programs and Policy." CRS Report for Congress.

Wikipedia. 2006. Chinese Economic Reform. [Retrieved October 2, 2006 from http://en.wikipedia.org/wiki/Chinese_economic_reform]

World Bank. 2007. *The World Bank Operational Manual*.

Yoshikawa, Y. 2004. "The prospect of Economic Reform in North Korea." [Retrieved December 10, 2006 from http://www.nautilus.org/DPRKBriefingBook/transition/200312NKecon.html]

개성공업지구관리위원회(http://www.kidmac.com).

남북교류협력지원협회(http://www.sonosa.or.kr).

노동부 노동통계(http://laborstat.molab.go.kr).

산업연구원 산업통계(http://www.istans.or.kr).

UN 통계국(http://unstats.un.org).

통계청 국가통계포털(http://www.kosis.kr).

통일부(http://www.unikorea.go.kr).

한국무역협회(http://www.kita.net).
한국생산성본부(http://www.kpc.or.kr).
한국수출입은행(http://www.koreaexim.go.kr).
한국은행 경제통계시스템(http://ecos.bok.or.kr).

찾아보기

[ㄱ]

가격자유화 99, 101, 113
가즈프롬(Gazprom) 46
강성예산제약(hard-budget constraint) 98
개발정책차관 151, 152
개성공단 13, 15, 16, 20~24, 27, 29, 30, 32, 33, 37~39, 42, 43, 63, 66, 106
개성공단관리위원회 20, 23
개성공단사업지원단 23
개성-평양 고속도로 개보수사업 35, 41
경의선 철도개보수사업 34~36, 42
경제동맹(Economic Union) 3, 7
경제자유화 조치 97, 167
경협 4대 합의서 14
계획경제 104~106
고졸 숙련공 77, 78, 83, 85, 88, 106
골재채취사업 36, 40~42
공공재 104
공동시장(Common Market) 3, 7
공동어로수역 27, 36
공적개발원조 134, 135, 144, 168
관세동맹(Customs Union) 3, 169, 170
광물자원개발협력 합의서 47
구조조정차관 126, 151
국가기업 이득금 100, 101
국공채 137
국영기업소 4, 98
국제금융기구 6, 111, 114, 123, 124, 127, 129, 131, 132, 140, 141, 143, 145~149, 152~158
국제민간자본 127, 140, 153, 156, 158
금강산관광객 피격 사건 17, 19, 21
금강산관광사업 16, 17, 19, 21, 37
금강산관광지구 관리위원회 29
금강산관리위원회 20
기능적 경제공동체 3

기술적 지원 146~149
기업소 38, 97, 98, 100, 103, 104, 167
김정일 41, 107, 109
김책항 48, 49, 55, 56

[ㄴ]

나진 · 선봉 자유경제구역 100
나진항 44, 46, 55, 56, 64
남북경제협력공동위원회 28
남북경제협력위원회 45
남북경제협력추진위원회 14, 28, 40, 47, 48
남북경제협력 활성화 조치 11, 16
남북경협제도실무협의회 15
남북경협협의사무소 15
남북관계 발전과 평화번영을 위한 선언(10.4선언) 26, 35
남북관계발전기본법 15
남북관계발전에관한법률 15
남북교류협력에관한법률 15
남북교역 11, 13, 30, 34, 55, 62, 121
남북농업협력위원회 28
남북상사중재위원회 29
남북자원교류협력협의회 47
남북정상회담 13~15, 26, 27, 30, 32, 35, 163, 166, 170
남북협력기금 17, 19, 24, 52, 109, 121, 133~135, 168
남북협력기금법 133
남포(항) 26, 27, 39, 54, 55, 63
농업협력단 58, 59
농자재공급소 59

[ㄷ]

단계적 제도전환 프로그램 7
단천(항) 48, 49, 56
대북상업차관 153, 154
대북직접투자 76, 81
대외경제협력기금 59, 134, 135
대일 청구권 자금 144
대한광업진흥공사 47
동북아개발은행 140, 154, 156, 168

[ㄹ]

러시아철도공사 46
룡양광산 48

[ㅁ]

메드베데프(Dmitry Medvedev) 45
명령형 계획경제 103, 104
무역자유화 99, 168
민족공동자원개발특구 48
민족공동체통일방안 5
민족자존과 통일번영을 위한 특별선언(7.7선언) 11

[ㅂ]

발세로비치 개혁안 127
백두산관광사업 30, 51
베를린산업은행 126
보상적 금융지원(compensatory financial facility) 150
보충적 안정기금지원(supplemental reserve facility) 150
부가가치세 101, 125, 168
부가가치 자본생산성 77, 78, 81, 87, 88, 166
북조선무역은행 15
북한개발지원그룹 145, 146
북한산업육성정책 78, 88, 90
북한신탁기금 140, 145, 146, 156, 168
비핵·개방·3000 41, 163

[ㅅ]

사유화 93, 101, 122, 127~129, 132, 153, 159
사회간접자본 27, 90, 97, 109, 155
삼지연공항 51, 57
3통 문제 15, 28, 29, 34
상사분쟁해결절차 합의서 15
상사분쟁해결제도 15, 29
상사중재위 14, 15
서해평화협력특별지대 26, 27, 37, 38
석유정제설비 개보수사업 44
세계식량계획(World Food Programme) 144
순안공항 57
승리화학공장 44
시범영농단지 58, 59
시장경제화 93, 94, 96, 103~105, 107, 110, 111
식량난 28, 57, 59
신의주 64, 95, 96, 108
신의주특별행정구 기본법 102
10.4합의 32, 37, 41, 42, 163, 166

[ㅇ]

IDA 150, 151
IBRD 150, 151
IMF 6, 127, 129, 131, 132, 140, 141, 145, 147~150, 153, 158, 168
안변 27, 39, 42
안정화 127~129, 152
양허성 차관 127, 147, 149
어랑공항 52
연대부가세 125, 137
열차운행 합의서 15, 29
외국인 직접투자(FDI) 95~97, 106, 153, 154, 167, 169
World Bank 127, 146~152, 154, 156, 158
위탁가공교역 13, 61
6.15공동선언 11, 14, 26

6자회담 24, 26, 44, 105~108, 111, 112, 146
EBRD 128, 155
이행경제 123, 124, 127, 131, 139, 156, 158, 169
일반재원차관 152

[ㅈ]

자원개발협력사업 49
자유무역협정(Free Trade Agreement) 3, 170
제도적 경제공동체 3, 7
조건성(conditionality) 152, 153
조선민족경제협력연합회(민경련) 47
조선아시아태평양평화위원회 16, 17, 51
조선협력단지 건설사업 39, 41, 42
조인트 벤처 46
중앙농업생산계획 58
중앙특구지도총국 23
지하자원개발사업 49

[ㅊ]

철도현대화사업 54
청산결제 합의서 15
청진(항) 55, 64
체제전환국 98, 113, 114
칠보산관광사업 51
7.1경제관리개선조치(7.1조치) 94, 97, 99, 102, 104, 105, 107, 108

[ㅌ]

토지사용권 100, 168
특구종합개발계획 20
특별기금차관 152

[ㅍ]

평화번영벨트 27
프로그램 융자 152
프로젝트 융자 152

[ㅎ]

한강 하구 공동이용사업 40, 42
한국가스공사 19, 46
한국관광공사 17, 19, 51
한국수자원공사 40
한국수출입은행 15
한국토지공사 23, 32
해주특구 36~38
해주항 건설사업 38
핵실험 17, 20
향진기업 132
허천강발전소 49
현대아산 17, 19, 20, 23, 32, 51, 52
협동단체 이득금 100, 101

Abstract

Vision and Strategy for Inter-Korean Economic Community

Jeong, Hyung-Gon · Park, Sangin · Park, Jin · Lee, Suk

Economic cooperation between South and North Korea aims to ease military tension and eventually form an economic community for common prosperity. The efforts for the Inter-Korean Economic Community are expected to promote continuing peace, mutual understanding and trust between the two Koreas, leading to an ultimate political unity. With these goals in mind, we have developed this study on the three phases of the formation of the economic community between the two Koreas, such as beginning, deepening, and completion phases. Throughout the analyses of the three phases, we also suggest policy issues and recommendations for both the governments of South and North Korea. Ironically, the current strained relationship between South and North Korea highlights the importance of sincere efforts for the development of the economic community.

저자 약력

정형곤

독일 본대학교 경제학과 졸업

독일 본대학교 경제학 석사

독일 쾰른대학교 경제학 박사

청와대 국가안전보장회의(NSC) 전략기획실 선임행정관

(현) 대외경제정책연구원 연구위원

박상인

서울대학교 경제학과 졸업

서울대학교 경제학 석사

미국 예일대학교 경제학 박사

미국 뉴욕주립대학교 경제학과 조교수

미국 예일대학교 경제학과 방문조교수

(현) 서울대학교 행정대학원 정책학과 부교수

박 진

서울대학교 경제학과 졸업

미국 펜실베이니아대학교 경제학 박사

KDI 연구위원

기획예산처 행정개혁팀장

(현) KDI 국제정책대학원 교수, (사) 미래전략연구원장

이 석

서울대학교 경제학과 졸업

서울대학교 경제학 석사

영국 워릭대학교 경제학 박사

통일연구원 연구위원

통일연구원 통일학술정보센터 소장

(현) KDI 부연구위원

한반도 경제공동체,
그 비전과 전략

저 자 정형곤 박상인 박진 이석

2009년 8월 10일 초판 제1쇄 인쇄
2009년 8월 15일 초판 제1쇄 발행

발행인 이장무
발행처 서울대학교출판문화원
151-742 서울 관악구 관악로 599
전화 02-889-4424, 02-880-7995
팩스 02-888-4148
전자우편 snubook@snu.ac.kr
홈페이지 http://www.snupress.com

출판등록 제15-3호

ISBN 978-89-521-1010-7 93320

값 20,000 원